カンタンでグッとくる
「見つけ学習」のすごさ
授業が変わる13のステップと20のワザ

前田勝洋 著

黎明書房

プロローグ

「見つけ学習」って，どんな学習法？

　私たち教師がその職業柄，日々悩むことは，「どうしたら，授業がうまくできるようになるのか」ではないでしょうか。それも，毎日，毎時間分厚い指導案を作成しなくとも，なんとか「授業らしい授業ができる」ことは，あこがれでもあります。楽して上手な授業ができると考えることもまた，虫のいい話ですが。

　教師は毎日，何時間もの授業をしているのです。現実的に考えて，それらすべての授業に綿密な指導案を作成して臨むことは，物理的に不可能です。それでも新任教師の頃は，毎時間なんらかの指導案らしきものを作成して授業に臨みました。ところが，「何をどう教えたらいいのか」考えるのが精一杯で，子どもをその気にさせて「集中した授業」にするのが，いかに難しいことであるかを身にしみて感じた日々でした。

　さらに，「学級づくり」がそれなりに行われていないと，およそ授業は成り立たないものだと痛感しますから，いっそう授業を成立させることの難しさが大きな壁となって，教師に襲いかかってきます。

私も若い頃は，日々悪戦苦闘の連続でした。毎日の学級づくりに悪戦苦闘し，授業に悪戦苦闘する日々でした。先達の優れた授業の記録や学級経営の方策をひも解いて，何か妙案はないものかと手探りした日々を懐かしく思い出します。さまざまな授業法や子ども理解の方途を学びながらも，なかなか自分の現実の授業と結び付かないもどかしさを感じたものです。

　そんな中で，私なりにたどり着いた学習法が，「見つけ学習」ということになりましょうか。それは，教師になって，20年以上の歳月が過ぎてからのことでした。

　「見つけ学習」というのは，格別窮屈な手法があるわけではありません。
　たとえば，国語の説明文を読んで，その中で「すごいな」と思うところを三つ見つけてみよう，とか，社会科の歴史の資料から，「これはすごいことだ」と思うことを「できるだけたくさん見つける」というような活動を子どもにさせることから，始まります。

　理科の実験や観察をするときに，「おどろき」や「すごいな」と思うことを見つけることです。国語の物語文であれば，「心に強く残った」ことばや文章を見つけることです。
　生活科のあさがおの観察であれば，あさがおにさわったり，友だちのあさがおと自分のあさがおを比べたりして，「おどろいたこと」「びっくりしたこと」を見つけることです。
　そして，自分が「すごいな」とか「心に残ったこと」見つけをしたことについて，自分は，「どんなことを思ったか」「どんな感想を持っ

たか」を言わせたり書かせたりします。それを教室のみんなで語り合い，聴き合うことこそが，「授業すること」であり，「子どもたちの学び合い」が行われることであるとする学習法です。

　この「見つける」という学習行為は，国語でも体育でも音楽でも，技術・家庭科でも図工でも，「学習対象であるものから，子どもが五感を働かせて見つける」ことによって，「学ぶ力」を培うことになっていくのです。

　もう一度言います。この「見つけ学習」は，学習対象が何であれ，「すごいな」「心に残った」と思うことを見つけることです。そして，それを見つけて，どんなことを思ったかを語り合い，聴き合うことです。「見つける」ことは，そのまま「探究的な学び」の手法です。

　学習法にしても，授業法にしても，シンプルでないと日常的な授業に活用できません。長続きする学習法になりません。「見つけ学習」の目玉は，このシンプルさにあります。「さあ，すごいなと思うことを見つけてみよう」「心に残ったことばを三つ見つけよう」という教師の呼びかけは，意外に子どもたちの探究心をくすぐり，興味深い学習に発展していきます。

　この「見つけ学習」は，私自身が悪戦苦闘して得た苦い経験知から，たどり着いた方法です。まあそんなに銘打つほど，しっかりした授業方法としてシステム化されているわけでもありませんが，やってみると，あまり教材研究がしてなくとも（これは不見識な表現で失礼ですね）なんとか，それなりの「授業」になり子どもたちの意欲的な学習参加を期待できるのです。

先生方，この「見つけ学習の手法」をやってみませんか。一度だまされたと思ってやってみませんか。きっと学級の子どもたちの「変化」に，なかなかおもしろい学習法だと感じ入ってもらえるのではないかと自負するところです。さあ，一緒に学んでいきましょう。

　平成24年　盛夏

前田勝洋

目 次

プロローグ
「見つけ学習」って，どんな学習法？ *1*

1 今, なぜ「見つける力」が注目されるのか *9*

1 「問題解決力」の基本は「見つける力」 *9*
2 子どもの成長を支える「見つける力」 *14*
3 教科の授業の中で一番に育てるのは「見つける力」 *16*

2 子どもを夢中にさせる「見つけ学習」とは，どんな学習法か
―「見つけ学習」13のステップ― *20*

1 学習する中身を予想する導入を大切にする *20*
2 「すごいな！ と思ったところ」「心に強く残ったところ」を見つける *23*
3 学習対象から，まずは「三つすごいところ」を見つける *25*
4 三つの中で「一番すごいところ」を見つける *27*
5 「一番すごいところ」について，「自分はどう思ったか」を書く *30*

- 6 「心に強く残ったところ見つけ」のやり方 *33*
- 7 「一番心に残ったところ」について，自分の思いを書く方法 *34*
- 8 机をコの字型に移動して，話し合い・聴き合い隊形になる *35*
- 9 自分が「見つけた事実と思いを語る」ことで学び合う *37*
- 10 話し合い・聴き合いの中で，一番こだわったところについて考える *40*
- 11 新たな見つけによって出てきた問題について，この後どうするか決める *43*
- 12 本時の中で学び合ったことから，授業感想を書く *44*
- 13 構造的な板書になるよう心がける *47*

3 教科の「見つけ学習」の実際 *48*

- 1 国語 —文章からの「見つけ」のコツ— *48*
  - (1) 「予想する」ことを学ぶ *49*
  - (2) 「音読する」ことを学ぶ *50*
  - (3) 「すごいところ見つけ」を学ぶ *51*
  - (4) みんなで学び合う時間を学ぶ *52*
  - (5) 授業の終わり方を意識することを学ぶ *55*
- 2 社会科 —資料から「見つけ」をするコツ— *55*
  - (1) 中学校の歴史分野の学習を進める *56*
  - (2) 公民的な分野の授業を進める *57*
- 3 理科 —実験・観察からの「見つけ」のコツ— *59*
- 4 算数・数学 —問題からの「見つけ」のコツ— *61*
- 5 総合的な学習での「見つけ」のコツ *63*
  - (1) 東日本大震災を取り上げる *64*

(2)　単元計画「探ろう！　津波の真実」(30時間完了)　*65*
　(3)　1時間の授業に見る「見つけ学習」の展開　*67*
　(4)　自主教材でも，「見つけ」の学習方法は，生きる　*68*

4　「見つけ学習」で学習力をさらに高める11のワザ　*70*

　1　目で見る，鼻で見る，さわって見る，耳で見る　*70*
　2　ベルタイマーを活用する　*73*
　3　「見つけたこと」は箇条書きにする　*76*
　4　いくつか見つけた中で，「一番の見つけ」を子どもが決める　*77*
　5　「見つけ」で再現する力をきたえる　*79*
　6　「思い」の中で，一番こだわっていることを子どもが決める　*80*
　7　「比べて見つける」ワザを教える　*81*
　8　「つなげて見つける」ワザを教える　*82*
　9　教科書や資料をコピーしてノート作りを教える　*84*
　10　消しゴムを使わないで「見つけ」を行う　*85*
　11　指読みを行う　*86*

5　「見つけ学習」で学び合いを高める9つのワザと学習規律　*88*

　1　授業という「バスに乗る」意識を高める　*88*
　2　発言する「仕方」を教える　*90*
　3　「つけたし発言」の奨励をする　*91*

4　発言に反応する子どもに　95
　　5　板書に3色のチョークを活用する　97
　　6　ネームプレートを二組用意する　99
　　7　授業の中に「山場（ハードル）」をつくる　102
　　8　授業終了の着陸態勢を意識する　104
　　9　授業と授業の谷間ですること　105
　　10　教師も子どもも学習規律を意識する　106

6　授業以外でも「見つける力」を育てよう　110

　　1　朝の会・帰りの会での工夫　110
　　2　掃除や給食での工夫　112
　　3　生活指導での工夫　113
　　4　「見つけカード」「見つけ日記」の工夫　115
　　5　部活動での工夫　116

7　「見つける力」は生涯学習の基本　119

エピローグ
　あなたは，子どもを育てることに自信が持てるようになったか！
　　　　　　　　　　　　　　　　　　　　　121

1
今，なぜ「見つける力」が注目されるのか

1 「問題解決力」の基本は「見つける力」

> 子どもたちが，興味を持って学習するには，キチキチした目で，学習対象を「見る」ことから出発します。

最近の子どもたちの学習している顔つきや振る舞いを見ていて，「やろう！」「やってみたい！」「がんばらなくては」という「勢い」を感じることが少なくなってきたなと憂いを持っているのは，私だけでしょうか。

そんな子どもたちが，少しでも目を輝かせて「がんばる授業」こそ，私たち教師をしている者の共通の願いです。

たとえば，6年生の社会科の授業で，「弥生時代の暮らしの想像図」があります。その想像図を見ているだけでは，「ああそうか」と思う程度の反応しか返ってきません。これを「弥生時代の暮らしの前に学習した，縄文時代の絵図と比べて，『おや？』とか『ああすごいな』とか『変だな』と思うことを五つ見つけてみよう！」と働きかけます。それも7分間で，二つの絵図を比べて「見つける」仕掛けをしていきま

す。

> まずは，決められた時間の中で，たくさん「すごいこと見つけ」をします。

　これは，雑多な絵図の中から，自分の心にひびいた事実を探すという，「事実見つけ」です。子どもたちをムキにさせて競争心をあおりながら行うのです。「事実に敏感になる子ども」を育てていくことです。どんな問題解決力も，まずは，この事実見つけが，キチキチした目つきで行われることが大前提です。
　・稲作をしている
　・水路がある
　・協力してやっている
　・カマのような石で稲刈りをしている
　・白い服になっている

　問題解決力というと，なぜか仰々しいですが，要は事実に「こだわる子ども」になるようにまずは仕向けていくことがはじめの一歩です。

　そして，その「見つけた」ことの中で，一番強く心に残ったことについて，そこから自分は「どう思ったか」を書かせます。それは「見つけたもの，こと，人」に対しての自分の感想（予想・解釈・意味づけ・疑問）を持たせることです。

「稲を栽培するようになってきた」事実から，
　・「今の私たちのようなごはんを食べるようになったのだ」

1 今，なぜ「見つける力」が注目されるのか

・「米は蓄えることができるから，生活が，決まった場所で落ち着いてできるようになってきたはずだ」
・「米作りの上手な人と下手な人がいると思うから，上手な人がえらい人になっていく」
・「絵の中で指図をしている人がいるけれど，ムラの中心的な人かもしれない」

などと，見つけたことを語り合う中で，予想や疑問が生まれていくのです。

　縄文時代とは違った「弥生時代の人々のくらし」を子どもたちが，自分なりにああではないか，こうではないかとイメージを膨らませていきます。それは「弥生時代には，米作りが始まり，ムラにはムラ長が出てきて，小さなクニが生まれていきました。ムラ同士の争いも起きるようになりました」と，教師に「教えてもらう」授業とは，一味も二味も違います。

　見つけた事実を語り，感想を語り合い，聴き合いながら，「学び合い」ができていきます。
　この一連の学習が，問題解決力を磨いていくことにつながるのです。

　もう一度おさらいをします。
　①　事実を学習対象から見つけます。（たくさん見つけます。）
　②　一番強くこだわった「見つけ」について，自分なりの感想（予想・解釈・意味づけ・疑問）を持ちます。
　③　見つけた事実を出し合いながら，その感想を語り合います。
　④　その感想を交流する中で，新たな気づきや予想，疑問がさらに生まれていきます。

⑤　みんなが一番こだわった事実について，それを共通問題として位置づけ，その事実をさらに別の資料で確かめたり見つけたりしていきます。

⑥　その授業時間に行った「見つけた事実とそのことについての思い」から，学習を終えてどんなことを思ったか，授業感想に書いていきます。

問題解決力の育成は，この一連の学習活動が繰り返し行われていくことであったり，スパイラル的に発展していくことであったりすることです。

どうでしょうか，問題解決力をシンプルにとらえることができたでしょうか。そのためには「問題解決学習」を難しく考えないことです。

<ちょっと一言>「問題解決学習」から「見つけ学習」へ

　戦後の教育の動きの中で，「問題解決学習」は，系統的な学習に対決する形で提唱されてきました。子どもたちの身近な身の周りにある「もの，こと，人」を切実な「問題」として，こだわり，解決に導いていくことが，教師の大きな支援であると言われました。

　事実，優れた実践が，多くの熱意ある教師たちによって，創造されてきました。子どもたちが，「問題」を自分のこととして引きつけ，こうではないか，ああではないかと思案する姿には，驚くばかりでした。

　しかし，そのイメージを持って自分の学級で試そうと「追試」をしても，子どもたちは，驚くほど冷やかに「問題」に向き合っています。いや，向き合おうとさえしないのです。そんな子どもたちの「授業不参加」の状態を見て，「まだまだ子どもにとって，問題が切実感を持って受け止められていないからなんだ」と授業者は言われたのです。授

業者は,「どうしたら,子どもたちが切実感を持って問題を自分のこととして受け止めるか」に四苦八苦したのです。

　さらに,問題に向き合うことができたにしても,それについて,子どもたちなりに解決の糸口を探っていくことは,並大抵なことではなかったのです。たくさんの時間を使って「ひとり調べ」をさせても,「追求（追究）」というほど,子どもの解決に向かう姿に勢いが生まれません。授業時間ばかりかかって,いわゆる「はいまわり」学習の状態を生み出していたのでした。

　私は,「問題解決学習」は大切な学習法だと今でも思っています。子どもたちが,自ら動き出すという主体的な授業にしたいなと日夜どれほど悪戦苦闘したことでしょうか。そんなにやっても,長い教師生活の中で,ほんとうに手ごたえのあった問題解決学習は,わずかしかありません。あるときは,「教師のエゴで,問題解決学習をさせてはいないか」と慙愧(ざんき)の念に襲われることもありました。

　私は,普通の学校の普通の教師が,「ちょっと無理してやったら,子どもたちの目の輝きが生まれた！」という授業をしたいと,ずっとずっと思ってきました。「教育実践の日常化」とでも言いましょうか。
　「非日常的な特別な授業にしかできない問題解決学習」では,疲労感ばかりが生まれて,子どもたちの「学習力の鍛え」につながっていかないと思えるようになったのです。

　私が,「見つけ学習」にたどり着くまでに,ずいぶん時間がかかりました。シンプルでちょっと無理してやればできそうだという手ごたえを多くの学校の先生方に実践してもらってきました。本書は,そんな状況の中で,編んだものです。

2　子どもの成長を支える「見つける力」

　人が成長するということは，どういうことでしょうか。それを「見つける力」的に意味づけるならば，「自分と他人が区別できる」「自分の周りが見える」「いろいろな見方ができる」「雑多な事実見つけの中から，核心に迫る事実を見つけることができる」「見つけた事実から，自分なりの判断をバランスよくできるようになる」「見つけた事実から，予想を立てて見通したり，解釈を広げたりすることができる」などと意味づけることができるでしょう。

> 　成長するとは，日常生活において，迷ったり悩んだりする中で，自分なりの判断を下し，的確な生き方を「見つける」（模索する）ことを身につけることです。

　「今の子どもたちは，耐性が低い」と言われます。果たして，ほんとうに昔に比べて低くなったかどうかははっきりしませんが，確かに少子化の中で子育てが行われている現状では，小さい頃から「もまれて育つ」機会が少なくなってきたことは事実でしょう。子育てにおいても，体罰がいいわけではありませんが，過保護的に育てられる環境が中心になってきています。また，その一方では核家族化が進み，多くの価値観の渦巻く大家族の中で育つ環境も少なくなってきています。

　毎日の生活の中で，問題に直面すると，すぐにあきらめたり悩んだりするだけで，粘り強い模索から逃げ出す子どもたちのなんと多いことでしょうか。

1　今,なぜ「見つける力」が注目されるのか

　「いじめ」が深刻化する前に,当事者や第三者,傍観者が事実を「見つけて」解決を模索するには,「事実を見つめ」他を思いやったり多面的に考えたりする「見つけ学習での培い」こそが,重要なカギになると思うのです。

　学級生活を送る中にも,さまざまなトラブルや問題があります。

　日々の清掃活動を例にとれば,清掃の仕方のどこに問題を「見つける」ことができるか,そしてそれをどう思うか,こそが,よりよい清掃活動の在り方を生み出していくことになります。

　それは仲間との遊びの中でのトラブルを,どう解決するかにもつながります。事実をきっちり「見つけ」,それについてバランスのよい判断を下すことこそが,「生きる力」になります。

＜ちょっと一言＞「見つける」ことと「気づく」ことの違い
　読者のみなさんの中には,「前田は,なんで『見つけよう』とか『見つける』なんて言うのだろうか。『気づいたことを言ってください』では,いけないのだろうか。そもそも『見つけ』と『気づく』は違うのだろうか」と思われる方もお見えのことと思います。
　それは,もっともな疑問です。「見つける」という行為は,学習対象である事実から,「さがす」ことです。
　それに対して,「気づく」は,「見つける」とか「さがす」こともイメージできますが,さらに加えて「見つけてどう思うか」「見つけて何を考えたか」を含んでいます。
　「見つける」は,雑多な学習対象から自分が「あっ」と思ったすごい

こと，心にひびいたことを拾い集めることだけです。

　理科の実験や社会科の見学（たんけん）をして，「何に気づいたか？」でも授業展開はできるでしょう。教室の中には，それなりに学習力のある子どももいますから，可能かもしれません。しかし，もう一歩「どんな事実（現象）が，どうなっていたか」という「見つけ」のほうが，まずはより多くの子どもたちの学習を促すと，私自身のこれまでの経験知から思うのです。

　要は，「気づく」でもいいのですが，「見つける」「見つけたよ」ということよりも，少し学びのハードルが高いのです。そのことが，子どもたちから「授業参加」する意欲や関心を弱めるのです。そんなところから，私は「見つけ」にこだわってやってきました。

3　教科の授業の中で一番に育てるのは「見つける力」

　教科の学習で育てる力は，国語と算数と理科では，異なるのでしょうか。

　今ここでは，中学校の教科での学びを思い浮かべてください。多くの中学校での授業は，国語でも社会科でも，教科の「学習内容」を教えることが中心になっています。それは，知識・理解ということです。生徒の立場になって考えると，「覚える」「暗記する」ことが，よく学べたしるしになるということになります。

　教科の学習で学ぶことは，「学習内容を理解する」だけでほんとうに

1　今，なぜ「見つける力」が注目されるのか

いいのでしょうか。確かに小学校１年生で「赤信号は止まれ，黄信号は注意，青信号は進め」を理解していることが，生活していく上での重要な命綱になりますね。そういう意味では，学習内容を理解する（教師の側で言えば，教える）ことは，とても意味のあることです。

しかし，それだけではやや片手落ちだと私は思うのです。それはもう一方で，「学習のやり方」（学習方法）を学ぶことが大切なことではないかと思うからです。国語で言うところの読解力も，社会科での資料活用能力も，理科の観察力や実験する力も，まさに「学習の仕方，やり方」（学習方法）を習得してこその力です。算数・数学の授業においては，「学習のやり方」（学習方法）が，習得されていかなくては，数理的な思考力にはならないでしょう。

見つける学習は，この「学習のやり方」（学習方法）のきわめてシンプルな手法を会得するものです。

数学の図形の学習で，台形に対角線を引くと，いくつかの三角形ができます。その中で，二組の面積の同じ図形（三角形）を見つけようとする場合，覚えていてできることではありません。あくまでその台形の図形から「見つける」活動を行います。

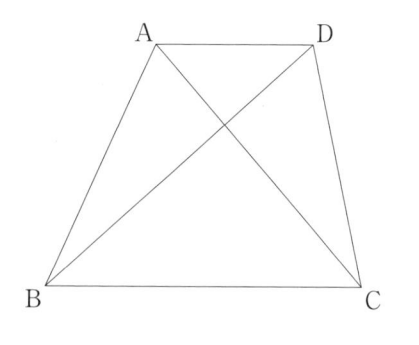

「こことここが同じだよ」と言われて，「ああそうか」と気づくことでは，「学習した」ことになりません。自分で台形の上底と下底の平行であることの要件を使いながら，面積の同じ三角形を「見つけていく」のです。

17

さらに，高度な図形の問題になれば，一本の補助線をどこに引くかを見つけることによって，「ああ，そうか，そうなんだ」と発見的な学びができます。

　音楽の授業で，合唱の練習をする場合でも，自分たちのパートの練習のどこに不具合があるかを「見つける」ことをしなくては，合唱の質を自らの力で向上させることは不可能です。今歌っているパートの中で，どこが一番よくて，どこの音程が下がっているか，などと「見つけていく」ことが，そのまま「学習する力」すなわち「学習力」になっていきます。

　体育の授業でバスケットボールを扱う場合でも，グループ練習（チーム練習）の中で，自分たちのチームの持ち味と欠点を探して（見つけて），それを補強していく学習方法を学ぶとき，チーム自らの力でチーム力を向上させていくことになります。

　以上のように，いくつかの教科の中での「見つけ学習」の効用を記してきましたが，「見つけよう」「5分間で，三つの改善点を見つけよう」と仕掛けていくことは，子どもたちが自らの学習力（見つける感覚）を，鋭敏にしていくことになります。

＜ちょっと一言＞「まちがえてもこわくない教室」をつくろう

　「見つけ学習」の効用を，私がいくら語っても，必ずしもうまくいかない場合もあります。

　とくに，子どもたちがまちがえることを教師がどう受け止めるかによって，子どもたちの学習への意欲は変わってきます。

教師の受け答え方によっては、子どもたちの中には、二度と発言したくない、まちがえることがこわいと思って、学習への意欲が、急速に萎えてしまう子どももいます。「まちがえたらはずかしい」「まちがいがこわい」と緊張感は極度に高まります。
　子どもたちに発言を求めていく場合、授業者である教師の意図した（ねらった）発言を子どもがするとは限りません。むしろ、子どもたちは、思わぬ発言をするものだと思うべきです。
　子どもがどんな発言をした場合も、教師の表情や受け答え方が問題になります。まずは、子どもの発言を「なるほど」「そうか」「へえーそうなんだ」と肯定的に受け止めていく「演じ方」を授業者はしなくてはなりません。子どもの発言をきちんとキャッチングすることです。

　そして、さらに重要なことは、他の子どもたちがまちがった発言をしても「笑わない」教室にすることです。これは、学級づくりの中で、厳しく戒めていくことです。
　「人間はいっぱいまちがえて大きくなるんだ。まちがいこそ、人間が成長するビタミン剤だ」と洗脳することです。

　授業の場で、まちがえたときに「笑い」や「冷やかし」が起きた場合、授業者は厳しく叱責しなくてはなりません。「先生は、笑う人を許しません！」と毅然と子どもたちに宣言しなくてはなりません。そんな学級づくりこそ、「見つけ学習」の土台になります。

2 子どもを夢中にさせる「見つけ学習」とは，どんな学習法か
―「見つけ学習」13のステップ―

　今まで記してきたことから，「見つけ学習」のおおよそのやり方を理解してもらえたのではないかと思います。ここでは，そのやり方をさらに具体的に展開してみたいと思います。

1　学習する中身を予想する導入を大切にする

　子どもたちが，「学習したい」「学習しなければならない」と思うには，子どもたちの学習対象への好奇心をあおることが，とても重要なことです。

　ここに，木村信子さんの「いたい」という詩があります。小学校高学年から，中学校での学習に最適な詩です。この詩を読むことに挑む場合，はじめから，この詩を朗読して紹介しても何ら差し支えありません。しかし，もう少し生徒の好奇心をあおってから「読み」に入ると，より旺盛な好奇心に裏付けられた質的にも深まりのある学習ができます。

　読者のみなさんは，この「いたい」の詩をご存知でしょうか。もしも知らない方であるならば，この「いたい」という詩がどんな詩なのか，予想してほしいのです。「たった詩の題だけで何がわかるか」と思

2　子どもを夢中にさせる「見つけ学習」とは，どんな学習法か

われるかもしれませんね。そこを無理して予想してみてください。

　予想する場合，一つだけヒントを言いますと，「たぶん……という詩ではないかなあ」とか「きっと……なんだ」と予想します。この予想の仕方は，有田和正先生の実践で私は学ぶことができました。
　「たぶん……」「きっと……」の「……」の箇所に，自分なりに予想することを思い思いに入れていくのですね。そうするとああじゃないか，こうじゃないかと生徒の思いが語られます。
　こうすることで，この詩を読みたくなる衝動にかられるのです。

　やはり中学校2年の理科で「イカの解剖」をする学習があります。その場合，すぐに解剖しても感動的な出会いがありますが，あえて「今から解剖するんだけれど，この皮の中では，内臓がどうなっているか，予想してみよう」と呼びかけて，絵図に描かせます。まだ解剖する前に，こういう予想をすることは，仮説を持つことであり，「見通しを立てる」ことでもあります。子どもは，今までの経験を総動員して，予想します。人間の内臓の位置を想定しながら，ああじゃないか，こうじゃないかと予想します。
これが，実際に解剖になった場合，意欲的に解剖に挑む子どもたちの言動を生み出していきます。

　小学校2年の国語に，「ビーバーの大工事」という説明文があります。「きっとビーバーが何かを作るん

だ」「大工事という大がついているから，とても大きな工事だ」「ビーバーは泳ぐことが得意だから，水の中で何かをやるんだ」と予想は広がりをみせていきます。それが「読み」への好奇心をそそるのです。もうそれだけで，授業への集中度の高さを予感させるのです。

> **＜ちょっと一言＞「予想すること」は，学習そのものだ**
>
> 　ここでは，「授業の導入」「単元の初発」に予想することを行う場合を記しました。
>
> 　しかし，「予想する」ということは，授業への導入としての動機づけだけの意義があるわけではありません。むしろ，「予想する」ことは，「見通す」「仮説を立てる」「推量する」「推測する」「予測する」など，学問を研究する者の日常的に必ず行う営みです。予想し，検証する，さらに見通す，仮説を立てる，さらに検証する……そういう過程がスパイラルに続いていくのですね。
>
> 　いや，それは科学や学問の世界だけではなく，私たちが日常的な生活をするときにも，たえず予想したり見通しを立てたりして判断の根拠を探ります。そういう意味で，「予想する力」は，そのまま「生きる力」の中枢に位置する力です。
>
> 　私たちは，現実において，この先どうなるか予想して，それがどうなっていくかを実際に体験します。さらにその先がどうなっていくかをまた見通すのです。
>
> 　このように考えると，改めて授業の中で，「予想すること」「見通すこと」「仮説を立てること」の意義深さを痛感することができます。「見つける力」とセットになって，「予想する力」を授業の中で，磨いて鍛えていくことが大切ですね。

2 「すごいな！　と思ったところ」
「心に強く残ったところ」を見つける

　4年生の社会科の学習に消防署の学習があります。多くの学校では，学校近くの消防署を見学することでしょう。その場合，「見学」とは言わずに「たんけん」ということばを使いたいものです。たかが「見学」から「たんけん」になっただけですが，子どもたちの「何かを見つけるぞ！」という興味・関心を高めます。

　前にも記したように，あらかじめ消防署がどうなっているか，消防車は何台あるだろうか，消防服はどこに置いてあるか，消防士さんは何人いるだろうか，夜中の火事にはどうやって集合して消火に行くのか，など，予想して「たんけん」を行えば，なおさら「たんけん」意欲は高まります。

> 　ここで大切なことは，消防署の方に，消防署の「説明」をしてもらわないことです。説明をしてもらうと，「見つける意欲」がしぼんでしまいます。

　また，「見学のしおり」的な「まず外から見た消防署は何がありましたか」「部屋にはどんな部屋がありましたか」「消防士さんが休む部屋はどうなっていましたか」などと問いかける教師の親切心は，やはり子どもの「何でも見つけてやろう」とする意欲を萎えさせます。

　とにかく消防署へ行って，子どもたちが自由に「たんけん」するの

です。もっとも自由な「たんけん」を許可されない場合もありますね。その場合は，順路に従って歩く中で，「すごい！」「びっくりした！」「あれ？」と思うことを見つけることに集中させます。

　ここでは，まず「たくさん見つける」ことを奨励します。それは目に見える事実見つけ（事実認識）です。まずはこれをできる子どもたちにしていくことが大事なことです。

　6年生の国語で，「ヒロシマのうた」（今西祐行作，東京書籍）という教材があります。とても長い物語です。長い物語だけではなくて，戦争体験のない子どもたち（教師もありませんね）には，かなり抵抗感のある物語かもしれません。教師が範読して，新出漢字や語句調べをして，音読をします。

　大まかなあらすじをつかんだところで，自分が，「心に強く残ったところ見つけ」をさせます。それはある原爆の落ちた街の光景であったり，稲毛さんが上司に叱られる場面であったり，お母さんが死んでしまったのにわが子を抱きしめている箇所であったり……その読み手である子どもが，心に強くひびいた場面や文，語句を見つけるのです。

　消防署の「たんけん」で事実見つけに浸らせたように，「ヒロシマのうた」の文章事実に浸らせて，「見つけ」を行うことが，「ことばにこ

2 子どもを夢中にさせる「見つけ学習」とは,どんな学習法か

だわる子ども」「場面や文章に敏感になる子ども」を育てる第一歩になると思うのです。

3 学習対象から,まずは「三つすごいところ」を見つける

　先ほど書いたように,「見つけ学習」の基本は,まずは「事実見つけ」(事実認識)から始まります。体育のバスケットボールの授業で言えば,相手チームのすごいところを見つけるとき,相手の攻め方・守り方やフォーメーションのどんなところがいいか,具体的な事実を「見つける」ことができることです。

　これは,なんとなく試合や練習を観ていたのでは,見つけることができません。目をキチキチして「見つける」ことです。

　その場合,「たくさん見つけよう」という指示でもいいのですが,具体的な「数」を子どもに示すと,子どもなりにその数だけ見つけようとします。

　私は,多ければ多いほどいいとは考えず,まずは「三つ見つけよう」ということを,どんな教科での見つけ学習でもすることにしています。

　この「三つ」とする理由は,一つ見つけて安心している子どもには,適度な刺

激になりますし，乱雑にいくつか見つけるという数で勝負的な考えばかりをあおるのも，やや軽率な見つけになる場合がありますから，「三つ」が適当かなと思っているのです。確たる絶対的な決め手で言っているのではありません。

たとえば，社会科の中学校の歴史分野で，「江戸幕府が300年も続いた秘密を制度やしくみから見つけよう」とする場合，生徒には，自分で資料を探させ見つけさせる場合もありますが，基本的な資料として，「大名配置図」「武家諸法度」「参勤交代」「幕府の組織図」などの数点の資料をプリントして，生徒に配布し，その中から，課題に迫るために，「長続きした三つのすごいやり方見つけ」を促していく学習を行います。

生徒はプリントに赤鉛筆やボールペンでチェックをしながら，行います。必ず鉛筆やボールペンを使って，作業的に行うことが大切です。ボーっと眺めているだけの学習姿勢にしないことです。

「手を動かす」「比べてみる」「アンダーラインを引く」などの具体的な「作業」として行うように指示します。教師は手の動いていない生徒を注意深く見守っていかなくてはなりません。

もう一度言いますが，「三つ見つけよう」が確たる根拠があって適当だというのではありません。ただこれまでの私の経験知でそういう思いを持っているということです。一度やってみてください。

＜ちょっと一言＞事実見つけは，事実認識力を鍛える
　国語の文章事実から「心に残ったこと」「すごいこと」を見つけるこ

> とも，社会科で「お店のたんけん」に行って，お店の商品の並べ方やレジの様子，店員さんのことばや振る舞いから見つけることも，理科の学習で，水溶液の実験をしたり，ホウセンカの観察から見つけたりすることも，それらはすべて「事実見つけ」が基本になっています。
>
> この事実見つけが，キチキチとした目で行うことができることこそ，事実認識に子どもたちが強くなることです。「事実見つけ」がいい加減になったり，なんとなくボーっとして見ていたりしたら，事実をあいまいにしかとらえられないことになります。あいまいな事実のとらえのままで，「考える」ことをしていっても，思考は停滞してしまいます。
>
> まずは，子どもたちが事実見つけを夢中になって行うように仕掛けていきましょう。

4　三つの中で「一番すごいところ」を見つける

「三つ見つけよう」とまずは数のノルマを子どもに課して行うのですが，次に指示したいことは，その三つ見つけた中で，一番強くすごいなと思ったことをその子なりに決めさせます。

ここで，「すごいな見つけ」の「すごい」というキャッチフレーズは，どういうことで「すごい」になるのか，「よいところ見つけ」や「おもしろいところ見つけ」「上手なところ見つけ」ではダメかという考えもあるでしょう。

「すごい」ということばは，ある事実や行為に対して，「すごく強い」

「すごく悲しい」「すごくうまい」「すごく下手」「すごく頑丈」などと，あることばを強調する飾りことばです。

「おもしろい」とか「よいところ」などは，それ自体に方向性というか，限定的な意味合いが強くなってしまって，「見つける幅を狭めてしまう」傾向があります。

私が「すごいな見つけ」が，もっともその子のこだわりを引き出す仕掛けになっていくだろうと考えるのは，そんなわけからです。

さて，「三つ見つけた中で，一番すごいなと思うことを見つける」ことは，どういう学習の意義があるのでしょうか。

バスケットボールでの「見つけ」に場面を戻して考えましょう。

相手チームの「すごいなと思うところ」として，「チームの仲間がいつも三角形のような形で動く」「声をいつも出している」「シュートをする人が決まっていて，その人にボールを集めている」「いつも全力で走っている」「パスでバウンドパスをたくさん使っている」というように，いくつかの「見つけた事実」が出されてきます。

その中で，どのことが相手のチームの強さのもとになっているか，

それを見きわめることは、互いの「見つけた事実を比べたり、つなげたりして考える」活動を促すことになります。この「比べる」「つなげる」などの活動こそ、自分たちの頭を働かせる大きな「学習」になっていきます。

「三角形にチームの仲間がなっている」のと、「声を出すこと」とを比較したとき、自分たちのチームも声を出すことはやっているけれど、三角形になっているフォーメーションはやっていないから、これが強さの秘密だというような学習を促していくのです。

社会科の授業で言えば、江戸幕府を長続きさせた制度はどれかを、「参勤交代」か、「大名配置」か、と比較します。参勤交代での資金の問題を見つけると、それが「大名配置」にもつながっていることに気づいていく場合もあります。江戸幕府の組織が、武家諸法度につながる場合もあります。そうやって、比べたり、つないだりして、資料を読みとることによって、何が長続きさせた要因かを決めていくのです。

> 生徒の「比べる」「つないで考える」という「学習」こそが、子どもたちの資料活用能力を刺激して高めていくのです。鋭い洞察力を引き出していきます。

ちょっと言いわけがましいことを言いますと、たとえ「一番が決まらない」状態になってもいいのですね。その「一番見つけ」の作業的な活動の中に、自分の頭を使って考えるハードルを仕掛けていくことになるからです。

5 「一番すごいところ」について、「自分はどう思ったか」を書く

　いままで記してきたところの学習活動は、「事実見つけ」（事実認識）の部分ですね。「一番すごいところ」「一番心に残ったところ」見つけも、「見える事実」を見つけることでした。

　その一番すごいところを見つけた後で行うことは、「一番すごいところ、一番心に残ったところから、どんなことを思うか」を書くことです。これは、難しく言えば、解釈、思考判断でしょう。

　ここで注意してほしいことは、「見つけた理由（わけ）」を書かせないことです。あくまで「見つけた事実について、どう思うか」を書くことです。「見つけた理由（わけ）」を書くということになると、「なぜそこにしたかと言うと、……」「そこに線を引いたわけは……」というような書き方になります。これは思考することを狭めてしまいます。考えを限定的にしてしまって、子どもの個性的な読みや解釈、思考判断を制限してしまいがちになります。

　「どう思うか」になると、「こんなやり方は残酷だ」「あまりに悲しすぎる」「自分だったら、嫌だな」「ここに印をつけたわけは……」「たとえて言うんだけれど……」と多様な思考を保障することになります。

2　子どもを夢中にさせる「見つけ学習」とは，どんな学習法か

　江戸幕府の大名統制について考える場合，「参勤交代で遠くの大名は，お金や日にちがかかるから，怒れてくる」「親藩大名が見張りのような役目を果たしているから，きびしい」「武家諸法度はがんじがらめになっていて，ぼくが大名だったら，息苦しくなってしまってつらい」というように，「こうした理由（わけ）は……」では，発想しないであろう解釈や思考判断が出てくる可能性を秘めています。

　もちろん，中には，「何でこれが一番すごいやり方であるかというと……」というような理由を述べる生徒もいることでしょう。それはまたそれで一つの解釈であり，思考の仕方ですから，容認していいのですが，そこに限定しないことが大切なことです。生徒の多様な見方，考え方を保障するような思考を促していきます。

　国語「ヒロシマのうた」で，「戦争の悲惨さ見つけ」をやっていった後で，その「思い」を語らせると，「稲毛さんは，あかちゃんを助けるために遅くなったのに，上司に叱られるのは，むごいなあと思う」「死体がごろごろしていて，焼け野原になっているのには，目をそむけたくなる」などと，「わけ読み」では出ないであろう考えや解釈が出てきます。

　それが，話し合い・聴き合いの学び合いで出されると，ほんとうに多様で多面的で，情感的なものの見方・考え方を引き出していくことになります。

　もう一度言います。ここで行うのは，「一番すごい（心に残った）わけ」を書くのではないということです。
　「一番すごいな（心に残った）ということについて，どう思うか，

どう思ったか」を書かせることによって，多様で多面的な思考を促すことになります。

<ちょっと一言>「どう思うか？」は，バクゼンとしていないかという意見について

　私が，事実見つけの後は「どう思うか？」を書かせるようにしてくださいと言うと，多くの教師から，「どう思うかというのは，かなり漠然とした課題の投げかけ方ですね。そんな言い方をすると，自分の学級の子どもたちは，『何を書いたらいいの？』と言うと思いますが……」と疑問符のついた発言に出会うことがあります。

　確かに，初めてのときはこのような問いかけをして，子どもに考えや思いを語らせようとすると戸惑いが起きます。しかし，この「どう思うか？」は，その子どもが，その事実に出会って，一番心に強くあることについての自分の感想であり，判断であり，解釈を書くことなのです。

　「どう思うか？」は，その子どもにとって一番切実で「こだわり」になったことを書くことでもあります。それは一見「何を書いてもいい」ということですが，その子どもの一番こだわったことを子ども自身に「見つけさせる」ことでもあるのです。

　初めは戸惑いがあるかもしれませんが，こういう思考の仕方に慣れてくると，子どもたちは「どう思うか？」の中身を充実したものとして記述できるようになります。それが「学習力がついた」ということです。

2 子どもを夢中にさせる「見つけ学習」とは, どんな学習法か

さらに付け加えます。

> 授業者である教師は,「どう思うか？　は何でもいいのですよ。どんなことでもいいですからね」とは, 決して言わないことです。

　私たちは, 子どもたちが自由に思いを書き綴ることができるように仕向けようと,「何でもいい」「どんなことでもいい」と言いがちですが, それは禁句です。何でもいい, どんなことでもいいのではありません。「あなたの心に一番強く思っていることを見つけて書いてください」と言うべきです。そうしたとき, 子どもは, 自分にとって「切実な思いは何か」を語り, 綴るようになります。がんばって指導してくださいね。

6 「心に強く残ったところ見つけ」のやり方

　今まで「すごいところ見つけ」の手法を中心にして記述してきましたが, 国語の物語文や音楽の鑑賞, 美術・図工の作品鑑賞などの「すごいところ見つけ」では, やや不自然なこともあります。そんなときは,「心に強く残ったところ見つけ」を行っていくといいでしょう。それは,「自分の心にずっとひびいたこと」であり, なぜかしら,「心にこだわりとしてあること」です。

　ここで,「心に強く残ったところ見つけ」は, 果たして低学年の子どもたちにできるだろうか, という疑問が浮かぶことでしょう。私は, 低学年でもできると確信しています。それは, 実際に小学1年生から「心に強く残ったところ見つけ」を実践している学校があるからです。

小学校低学年で，どうしても「心に残ったところ」のイメージがつかめない子どもたちには，「あのね，そのお話の本を閉じても，覚えているところが，心に強く残ったところだよ」と教えてやれば，すんなりと理解します。ぜひやってみてほしいと思います。

7 「一番心に残ったところ」について，自分の思いを書く方法

　「一番心に残ったところ」について，自分なりの思いを書くことは，「すごいこと見つけ」での「思いを書く」ことと同じです。
　小学３年国語に物語文「サーカスのライオン」（東京書籍）があります。ライオンのじんざが，燃え盛る火の中に飛び込むシーンがあります。その場面を読んで強く思ったところを出し合った後，みんなでその文や語句にこだわって「思い」を語り合います。

　文中に，「じんざは，古くなったおりをぶちこわして，まっしぐらに外へ走り出た」という文章があります。
　子どもたちは言います。
「ぶちこわすっていうと，なんていうか，ただのこわすではなくて，ぶちってついているじゃん，だからじんざは年寄りだけど，そんなことなんか忘れて思い切り体当たりしていったんじゃないかと思うよ」
「ぶちこわすって簡単にできないと思うじゃん，だって草原を走る

ことを忘れていたじんざが
やったということは、あと
のまっしぐらにもつながる
けれど、まっしぐらって、
頭にないくらい夢中になっ
て行ったってことだから、
必死というか、絶対助ける
というか……だと思うよ」

　この子どもたちの発言は、「自分の思い」を「自分なりの『解釈』」
として語っていることを証明しています。そういう「思いを綴る」こ
とを子どもたちに促していきます。

　何度も言うようですが、「心に残った理由（わけ）」ではありません。
理由（わけ）読みをやると「あらすじ読み」になって、心に残ったこ
とばの持つイメージを膨らませていくことができなくなります。

8　机をコの字型に移動して、
　　話し合い・聴き合い隊形になる

　7までに記してきたことは、子どもたちが、まずは「自分の力で、
自分のやり方」で行います。これを「ひとり調べ」とか「ひとり読み」
と呼ぶ場合もあります。そしていよいよ、学級のみんなで自分の考え
を足場にしながら、話し合い・聴き合いの学び合いをしていくのです。

　ひとり調べ（読み）でやっているときは、机の向きは、黒板に正対
する、いわゆる縦並びでいいですが、学び合いになったら、机を学級

全体で，コの字型に移動したいものです。話し合い・聴き合いのときに，子どもたちがお互いに顔を見ながら（私はそれをアイコンタクトすると言います）話したり聴いたりするのです。そうすることによって，話しやすく聴きやすくなるということです。

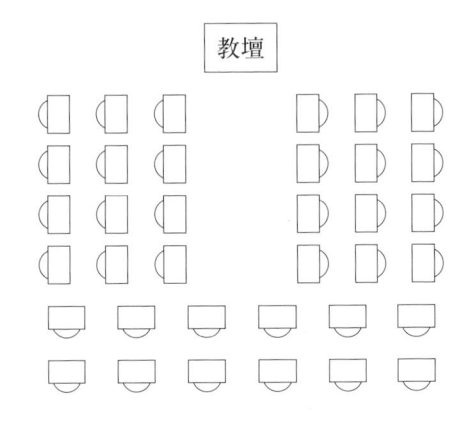

　「あのね，聴くという字を見てごらん。耳だけの字ではないよ，どんな字が隠れているかな」と促します。「あっ目がある！」「心もある」「そうだよね，聴くことは，耳だけではなく，目で聴く，心で聴くことだね」と子どもたちに意識づけていきます。

　それならば，授業のはじめから，コの字型にしておけばいいという考えもありましょう。実際そうやっている学級もあります。しかし，私はあえて授業の途中で「移動する」ことを奨励します。それは，「さあ，今からは，みんなの考えを聴き合い学び合うぞ」という姿勢を意識させることだからです。

　小学校の低学年でも，この「移動」に5秒はかかりません。「さあ，話し合い隊形になります」の教師の号令で一斉に移動します。そして，移動を終えた子どもたちは，さあ話し合い・聴き合いでがんばるぞという気持ちの切り替えをします。

　ある学校では，「話し合い隊形になります」と言わずに「聴き合いの

隊形になります」と言うのです。たかが「話し合い隊形」という言い方を「聴き合い隊形」という言い方に替えただけですが、これは、子どもたちの意識を改革することになっていきました。子どもたちの聴く姿勢を強めていったのでした。

9　自分が「見つけた事実と思いを語る」ことで学び合う

　それぞれの子どもたちが、見つけた事実と思いを語り合い、聴き合う学習を私は「磨き合いの学習」と名付けています。

　ここでは、先に紹介した「サーカスのライオン」でのじんざが、男の子を助けに行く場面を読むことから、紹介したいと思います。

　その授業での学習課題は、「じんざが男の子を助けにいく場面について考えよう」でした。この授業の実際の展開のあらましを、今までのことも復習するつもりで、簡単にたどってみましょう。

1　学習課題をつかむ「じんざが男の子を助けにいく場面について考えよう」を板書し、子どもたちで一斉に読んで確認する。
2　この場面を音読する。
　・交代読みをする（教師―子ども）
　・回転読み（2分）：決められた場面を読んだら、90度向きを変えて同じ場面を読む読み方
　・代表読み（6人）：読んでみたい子どもを選んで読む読み方
　　※子どもたちの勢いが途切れないように、テンポよく、音読をする。

3　各自，前時に行った「見つけ学習」の中身を確認する。（1分）
　　　※自分の考えを整理する時間を確保する。
4　コの字型の隊形になり，学習課題に対することばとその思いを聴き合う。（コの字型の隊形は授業終了まで続きます。）
　・ぶちこわして：ただものをこわすのではなくて，ぶちこわすだから，ものすごい勢いで，おりをバラバラにして，飛び出したんだと思うよ。
　・足の痛いのも忘れて：ふつう足が痛かったら走れないでしょ，痛みを忘れてしまうくらい必死なんだ。
　・風になって：風ってことは，ビューンってすごい速さでしょ。じんざはそれくらいのスピードで走ったんだね。
　・ぱっと：ぱっとっていうことは，まよわず，すぐにってことでしょ。このときのじんざは，火のこわさよりも，男の子しか頭にないんだよ。
　　　※本文から見つけたことばを言い，自分の思いを出し合って「つけたし発言」でことばのイメージを広げていった。
　　　※反応しながら聴いている子どもを称賛し，みんなで聴き合う雰囲気を高めるようにしていった。
　・じんざのつぶやき：じんざは大きな声で言ってはいないね。心の中で言っているよ。
5　じんざは，どんな思いでつぶやいたのかをみんなで考える。
　　　※つぶやいたときのじんざの状況を思い浮かべるために，そ

2　子どもを夢中にさせる「見つけ学習」とは，どんな学習法か

　　　の場面を立ち止まって考える。この授業での子どもたちに
　　　がんばって考えて見つけさせていきたいハードルである。
　　　※思いに違いが出てきたから，その違いを音読でも表現し，
　　　ことばのイメージをふくらませていった。
　6　この場面のじんざにどんなことばを伝えたいか，考えると同時
　　に，「ウオーっ」と言ったじんざを次時で考えることを確認して終
　　わる。

　この授業の展開の方法で，ひとつお断りしておかなくてはならない
ことは，前時に「じんざが男の子を助けにいく場面について」自分な
りの「見つけ学習」を行ってから，この本時の授業が展開されている
ことです。
　これは，その授業時間の中で，「見つけ」を行って，その場ですぐに
話し合い・聴き合いの学び合いを行うやり方とは異なります

　とくに低学年での授業では，その授業の中で，「見つけ」をして，思
いを書かせた後で，話し合い・聴き合いを行うことが，むしろ普通で
あろうと思います。

　この授業の展開を観ていて，一番感じたことは，子どもたちが，互
いの発言をよく聴いて，それに対して，「つけたし発言をして，ことば
のイメージをふくらませている」ことでした。
　互いに一番心に残ったことばは微妙にズレても，それをつないで，
独りではできなかった「読み」をしていくのです。少し子どもたちの
発言でたどってみると，

　　A：火の中へぱっとすぐに入っていったのは，男の子を助けるしか

考えていないのだと思うよ。
　　B：Aさんにつけたして，失敗するとかしないと考えていないっていうか，助ける気持ちだけが先に動いているのだと思う。

　　C：さっきGさんが，勇気があるということを言ったけれど，そんなことは考えているように思えないけれど……なんていうか，「とびこんだ」のだから，全身で入る，絶対に入るというだけだと思う。

　　D：でもさあ，「つぶやいた」だから，だれかに言いたかったのか，別に関係なかったのかわからないんだけれど。

　ほんの一部の学び合いの場面の引用ですが，子どもたちの白熱したやりとりを感じることができます。それはお互いが自分の一番心に残った箇所を出し合いながらも，他の子どもたちの考えに刺激されて学んでいこうとする姿だと思うのです。

10　話し合い・聴き合いの中で，一番こだわったところについて考える

　先の9で引用した授業での子どもの発言に「でもさあ，『つぶやいた』だから，だれかに言いたかったのか，別に関係なかったかわからないんだけれど……」は，教室に新たな緊張感を生み出していきました。

　授業者は，ここで，子どもたちが「つぶやく」について考える場をつくることを決断したのです。そこで，再度その場面を音読で繰り返し，繰り返し読み直し，「じんざは，ひとりでつぶやいた」を考えていっ

2 子どもを夢中にさせる「見つけ学習」とは，どんな学習法か

たのでした。

　このような子どもたちの学び合いの中で，もう一つ子どもの認識を越えさせたいときに，ハードルになることばを吟味する場合，改めて立ち止まって，音読したりグループ討議を入れたり，さまざまな活動を設定します。

> 　一番重要なことは，その「つぶやく」にこだわっていなかった子どもたちも，その場面という共通の土俵に上がって「みんなで再度考える」授業の場の設定をすることです。

　授業は，初めから終わりまで，前時の「見つけてきたひとり読みの発表会」ではないのです。互いに聴き合い，学び合いながら，新たに「もう一度考え直してみる」「関心を持っていなかった子も一緒に考える」場を授業者が意識してつくりあげていくことが大切です。

　この授業では，その場でさまざまな子どもの考えが出されていく中で，「じんざはつぶやいたのだから，大きな声で言ったのではないと思う」「それにつけたして，さけぶとつぶやくは違うと思うから，つぶや

くは聴こえても聴こえなくてもいいから，言うのだから……えっとなんて言うか自分に言っているみたい」と読み深めていったのでした。

　小学校は45分の授業で，中学校は50分の授業で，前時の「見つけ学習」の思いを「出し合う」だけでは，それは授業とは言えません。授業の中でお互いの考えに謙虚に学ぶ姿勢こそが，求められます。そして，さらに「ことばのイメージをとらえるということは，こういうことなんだ」ということを具体的なことばの吟味を通して実感させていくことこそが，授業というものだと思います。

　本時の場合は，「つぶやく」じんざの思いを語り合う中で，必死ささえ越えて，男の子を助けたい一心でとびこむじんざに近づいていったのでした。

<ちょっと一言>「がんばりどころを意識させる」教師の出を
　授業は，小学校ならば45分，中学校ならば50分ですね。その授業の中で，ずうっと集中した授業になれば何も言うことはありません。多くの授業では，中だるみのような状態になることもあります。
　小学校の授業であれば，よそ事を始めたり私語が飛び交ったりする，中学校では，机にふせてしまって，居眠りをしているかのような態度になる子どももいます。

　これは，子どもたちが授業参加を放棄した状態です。授業崩壊にもつながっていきますし，何より子どもたちを落ちこぼしたままで行われる授業になります。

　私は授業の中で，本時の核心につながる授業場面になったとき，「さあ，顔をあげて，姿勢を正して，……今からやることは，この授業の

中で一番のがんばりどころだよ」と，子どもたちに授業への集中を高める自覚を促すことが，とても大事なことだと思います。教師は，子どもたちをぐるりと見回して，顔をあげているか，姿勢を直してやろうとする表情になってきているかを確認して授業に立ち向かいます。

　国語「サーカスのライオン」の授業で言えば，「じんざはひとりでつぶやいた」場面を考えるときは，立ち止まって，「さあ，ここからが本時の中心だ！」という自覚を子どもたちに浸透させて授業に立ち向かってほしいものです。

　これは，何も話し合い・聴き合いの授業場面だけではなく，ドリル的な活動をする場合，覚えたり理解したりする（知識・理解）場面の場合もあることでしょう。いずれにしても，一つの授業の中で，子どもたちに授業参加を意図的に自覚させて取り組ませる仕掛けをしてほしいものです。

11　新たな見つけによって出てきた問題について，この後どうするか決める

　白熱した学び合いも，授業は45分で終わります。それでひと区切りです。この授業の場合も，「つぶやくじんざ」の様子を語りながらも，授業は終盤へ突入していきました。

　教師にとって，延長授業はどんな場合でもすべきではありません。チャイムが鳴ったら，授業終了が大原則です。せっかく集中していた子どもたちもチャイムでその集中度は切れます。そう思

うべきです。

　この授業では,「こんなじんざをどう思うか」を語ることで,授業は終わるはずでしたが,そこにはいかず,この場面のじんざに「どんなことばを伝えたいか」と指示し,あとは次時の予告をして終わったのでした。

　できることならば,次時の授業への動機づけになる終わり方が理想でしょう。しかし,そんな思うような展開は望めません。また中学校の授業の場合,限られた時間数の中での授業の進め方になっています。そうなると,ノート整理を含めた「まとめ」の意識もないがしろにはできません。授業は,話し合い・聴き合いばかりでは進まないのです。知識理解につなぐことや,ドリル的な活動を発展的にして終えることも,それぞれの教科の特色を大切にして行っていくべきであると思います。

12　本時の中で学び合ったことから,授業感想を書く

　授業の終わり方の中で,もう一つ重要視すべきことは,本時の学びの振り返りをすることです。それはすでに記したように,本時のまとめであったり,ドリル的な活動であったりしますが,できることならば,「授業感想を書く」ことを位置づけたいなと思います。

この授業感想は，何でも書けばいいのではなく，「本時の中で心に一番残ったこと」「本時の中で一番学んだこと」というようなことを書かせます。その子にとってどんな学習が成立していたのか，成立していなかったのか，それを読むことによって教師自身の授業反省になります。

　その授業が前時に行った「見つけ」を発表しただけの授業（見つけた事実や思いを話しただけの授業）では，「はきだしただけの授業」としか言えません。本時で何を学んだか，何を栄養として吸収したか，こそが問われるのです。それが行われてこそ，授業と言えます。

＜ちょっと一言＞中学校での「見つけ学習」の位置づけ方

　ここまで「見つけ学習」のステップを12段階に分けて記述してきました。

　おことわりしておきますが，私は，いつもいつもどの授業も，この授業方法で行ってほしいとは思っていません。

　中学校の授業の場合は，知識・理解や練習学習的な要素も十分配慮をして授業を行い，ここぞという場面で，「見つけ学習」を取り入れることを強くお勧めします。

　授業には，その学習形態から，「活動学習」「練習学習」「磨き合い学習」があると思っています。

「活動学習」とは，生活科の活動，美術や図工，技術家庭科の作品づくり，理科や社会科の実験，観察，たんけん，資料づくりなど，一人やグループでのさまざまな活動を中心とした授業です。

　「練習学習」とは，算数・数学の練習問題，体育科のゲーム練習，音楽の練習，英語科での会話練習など，修練する学習を中心とする授業です。

　「磨き合い学習」とは，「見つけた事実を語り合い，思いを聴き合いながら，かかわって学び合う」授業です。

　とくに中学校では，高校入試を控えていることですから，ある程度練習学習や活動学習を中心にすえて知識・理解を深めたり習熟したりすることも当然のことでしょう。

　ただ知識・理解，習熟学習を重んじるばかりに，「教え込み中心の詰め込みの授業」「教師が一方的に説明して終わる授業」ばかりでは，あまりに子どもたちにとって授業は受け身であり，「学習内容」を暗記するだけの授業になってしまいます。

> 　やはり授業は，ここぞというときには，多少時間がかかっても，「学習方法（学習のやり方を学ぶ）」を磨く授業をしたいものです。バランスのある授業方法を工夫してほしい所以（ゆえん）です。

2 子どもを夢中にさせる「見つけ学習」とは，どんな学習法か

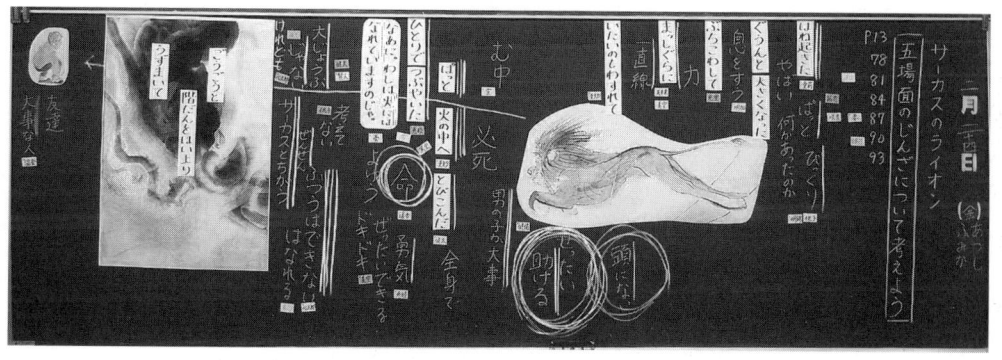

(みよし市立中部小学校　加納裕子先生の板書)

13　構造的な板書になるよう心がける

　ここでは，この授業の板書を提示しておきます。板書は，子どもの発言をすべてていねいに書くことではありません。ほんとうに子どもの発言の中で，「これがこの子の言いたいことだ」ということを短く板書します。それが上の板書図です。

　もし，その子の言ったことで，どこをどんなふうに板書していいのか，わからない場合は，「これでいいかな？　どう？」と子どもに聴いてみることです。こうして構造的な板書づくりに強くなってください。挿し絵の拡大コピーが生きていること，子どもの名前を書いたネームプレートがそれぞれ添付してあることにも注意して見てください。

3

教科の「見つけ学習」の実際

　これまでの私の経験知から,「見つけ学習」は,教科によって大きな差異はないというのが,私の結論です。もちろん,体育と国語の授業を比較すれば,そこには形態的にも活動的にもその授業には大きな違いがあるでしょう。

　しかし,こと「見つける」ことにおいては,国語では文章事実から見つけるのに対して,体育ではゲームの中で「すごいな」と思うことを見つけるわけで,どちらも同じ学習の仕方であると思うのです。

　したがって,ここでは,国語の授業の進め方を記述することを中心にします。シンプルに「見つけ学習」の仕方を納得してくだされば,たいへんうれしく思います。

1　国語　―文章からの「見つけ」のコツ―

　「見つけ学習」というと,何か特別な学習の仕方なのかと思われるかもしれません。でも,それはそんなに難しい理論に支えられた授業方法ではありません。

　たとえば,小学2年生の国語の教材に「ビーバーの大工事」(東京書

籍）という説明文があります。2年生の子どもたちが，本格的な長い文章に接する初めての学習です。

　ビーバーが，森の中で，大きな木を歯で切り刻んで，ダムを作っていく過程が，写真を添えて掲載されているのです。ビーバーという動物のかわいい雰囲気と，その一方で大きな木を切り倒してダムを作っていくエネルギッシュな活動に，たいへん心打たれる話に構成されています。

　ここでは，ある学校で模擬授業として，先生方を子どもに見立てて行った授業を少し詳しく描写して，授業のコツを再度確認してみましょう。いままで記してきたことの復習を兼ねて，読んでくださるとうれしく思います。

(1)　「予想する」ことを学ぶ

　まずは私が黒板に「ビーバーの大工事」と表題を書きます。
　「さあ，みなさん，このビーバーの大工事という題から，どんなお話が書いてあるか予想してみましょう」と呼びかけます。
　「そのときに，子どもたちに，ただ予想してみましょうでは，何をどう考えていったらいいかわかりませんよね。そこで『たぶん，こうなんじゃないか』『きっとこんなことだ』という『たぶん』とか，『きっと』という言い方を子どもに示して，予想させましょう。さあ，みなさんもやってみてください」とまあ，こんな調子で，授業開始になります。
　先生方は，子どもの椅子に座りながら，ニコニコして「予想」をします。

「たぶん，工事と書いてあるから，何か作っている話だと思います」
「工事に大工事と大がついているから，きっと大きなものを作っているのだと思います」そんな予想が次々に出されていきます。先生方もたのしそうです。

それは私の意図でもあります。たのしく実感して学びとってほしいのですね。

(2) 「音読する」ことを学ぶ

そして，本文を読むのです。この場合，音読をするのですね。まずは，教師が範読をします。

子どもたちである先生方には，「指読み」と言って，授業者である私が読んでいる文を人差し指でたどっていく活動をしてもらいます。こうすることによって，耳で聴いて目でたどる読み方をしっかり会得します。

次に子ども全員が，音読をします。全員起立して音読します。でもやってみると，先生方の声が小さい。それにみんな声を揃えて読んでいます。

「はい，やり直しですね。まずは，もっと大きな声で読みましょう。それにみんなで声を揃えて読むのはやめましょう。自分で自分の読みをしていきましょう。これをバラバラ読みと言います。」

先生方は苦笑しながらも真面目に大きな声で，読み直します。

この音読する時間は，「読み終えた人から，座ってください」と言いません。「ベルタイマーで，今から7分間ベルが鳴るまで，しっかり読みましょう」と言います。

読み終えた人から座ってくださいという指示は，子どもたちが急かされているような気持ちになって，読み方が「新幹線読み」になりますと先生方に教えます。しっかり文字を読まないで，急いで読むため情景や中身を吟味する読みにならないからです。

　ていねいに読む読み方を教えていくことが大事なことだと，先生方にも納得してもらったことでした。

(3) 「すごいところ見つけ」を学ぶ

　それを終えたところで，「それでは，初めの場面で，文章と写真から，あなたがたが，自分で『すごいな！』と思ったところに，サイドラインを引いてもらいます。すごいなと思ったところでしたら，どこでもいいのですが，ほんとうにすごいな！　と思ったところを3ヵ所は選んでくださいね。時間は5分で行います」。

　ここでもベルタイマーの登場です。時間を上手に使える先生や子どもたちになってほしいからです。

　先生方が，この「ビーバーの大工事」の文章と写真の中で見つけた，すごい！　と思ったところは，そのままその子どもの心に強くひびいたところであり，こだわったところです。まずは，そういうことばに敏感になる子どもを育てることを，先生方に意識してもらったことでした。

　さまざまに表現されている文章から，まさにキーワードになることばを「見つける」，光ることばを「見つける」ことこそが，「読みとりの第一歩」だと意識してもらいます。

　その活動を終えたところで，「それではサイドラインを引いた3ヵ

所の中で，一番強く思ったところについて，自分はその文章や写真を見て，どう思ったか書いてごらんなさい」と指示します。

　子どもの立場になった先生方に私は言います。
「まちがってはいけませんよ。そこにサイドラインを引いたわけを書くのではありませんよ。なぜそこに線を引いたかという理由を書くのではありませんよ。引いたところから，自分はどんなことを思ったか書くのです。それこそが，自分なりの読解力ですからね」と念押しをします。
　ここでもまたまたベルタイマーで，3分でやってもらいます。

　先生方の中には，3分では短いのではないか，時間のかかる子どもには，中途半端になると疑問が出されました。
　でも私は，「全部書けなくてもいいのです。とにかく決められた時間を有効に使って，『やろう』とがんばる子どもを称賛することです。中途半端でもがんばった子どもは大いにほめましょう，みとめましょう」と言います。

(4)　みんなで学び合う時間を学ぶ

　さあ，ここまで学習が進んでくると，それぞれの「見つけ学習」が行われたことになります。そのひとり読みをもとにして，今度は，みんなで学び合うのですね。
　さっそく机の配置をコの字型にします。

　「さあ，それでは，今の場面で，みなさんが，すごいなと思ったところをお話してください」と授業者である私が言います。でも先生方はなかなか挙手しません。

3 教科の「見つけ学習」の実際

「さあ，子どもの気持ちになってがんばるのですよ」と私。そろそろと先生方は挙手します。

「ここで大事なことは，2，3人の子どもが挙手したらすぐに指名することをしないことです。みんなが授業に参加することが大事なことですから，じっと待つことです。『授業というバス』に子どもたちが乗り込むまで待つことです。」

真面目な顔つきになりながら，ついに先生方全員が挙手しました。さあ出発です。

「ぼくは，『ガリガリ』というところに線を引きました。ガリガリだから，すごい力が入っていると思いました」と最初の発言者であるE先生が言いました。私は用意しておいた「ガリガリ」の短冊シートを黒板に添付して，「すごい力」と黄色のチョークで板書しました。

子どもたちはハンドサインを使っていますから，先生方にも使ってもらいます。私はつけたし発言を出しているP先生を指名しました。

「私もガリガリ……」とP先生が言うのを差し止めて，「P先生，発言するときに，先生は，E先生につけたすのですから，『私はE先生につけたして，……』という言い方をしてください。なんでこんなことを言うかわかりますか？」とたずねます。

「これは『E先生の発言をちゃんと聴いていたよ』ということになるのですよね。発言するというのは，ただ自分の考えを発表することであってはなりません。むしろ他人の意見を聴いていることによって，学びを深める体験を持たせることです。だから，同じような意見だったら，『誰々さんと同じで……』でいいし，反対のような，ずれているような意見だったら『誰々さんとちょっと違って』と発言する方法を教えましょう。」

先生方は，ああそうか，だから発言の仕方を具体的に，子どもたちに教えていかないといけないのだと学んでくれたのでした。

　それからは，それぞれの発言者が別の「すごいところ」を次々に出して行き，つけたし発言も行われていきました。先生方が，子どもの目線になっていることをいつしか忘れて，上気した顔つきで積極的に「見つけ」に挑戦する姿が印象的でした。

　そして，一番立ち止まって考えたことばは，「家族総出で」ということばです。本時の山場（子どもたちに越えてほしいハードルですね）「夜中まで」「400メートルの長さのダムを」をみんなで考えて，「ビーバーの大工事」の様子をイメージしていったのです。夜中までの夜中はどの時間帯までか，400メートルを実際に歩いてみてその長さをとらえるなどをしながら，とても1匹のビーバーではやりきれないほどの大工事だからこそ，「家族総出」というイメージを先生方も実感していったのでした。

(5) 授業の終わり方を意識することを学ぶ

そんなこんなで模擬授業を進めてきました。そうして授業があと7分くらいになったところで、授業の着陸態勢に入ることを先生方に学んでもらいます。延長授業をしたり、チャイムが鳴ったら、そこで授業を途切れた状態にしてしまったりしないためにも、「授業の終わり方を意識する先生になろう」と私は呼びかけます。

「さあ、黒板を見てください。みんなで学んだことを私は3色のチョークで書いてみました」「みなさんは、きょうの学習でどんなことを一番学びましたか。ノートに書いてみてください」と授業感想の書き方、学びの振り返り方を先生方に教えました。

以上、おおまかに、ある小学校で私が行った模擬授業について記してきましたが、いかがだったでしょうか。

2　社会科　―資料から「見つけ」をするコツ―

社会科という教科は、とかく暗記科目のイメージがあります。とくに中学校ともなれば、その感はいっそう強くなります。知識・理解を深めて社会事象をよく知ることは、「社会科が好きだ」という子どもを育てます。その反対に、「社会科は暗記科目だから嫌だ」という声もよく聴くことです。

本来の社会科の授業は、知識・理解とバランスをとりながら、現場学習（フィールドワーク）や資料からの「見つけ」をして、自分なりに学習対象を実感していくことに意味があると思うのです。

ここでは，中学校での社会科の進め方を考えてみたいと思います。

(1) 中学校の歴史分野の学習を進める

中学校の歴史学習と小学校の歴史学習の違いは，小学校が，各時代のイメージをとらえることが中心であるのに対して，中学校は，「移り変わりの歴史学習」であることです。その点をしっかり意識して授業を行いましょう。

室町幕府が栄えて，やがて没落していく様子を，「応仁の乱」だけでとらえるのは，やはり片手落ちだと思いますから，「ムラの力の台頭」「さまざまな文化の興り」「土一揆などの勃発」「守護大名の勢力あらそい」としてとらえて，そんな資料を用意しました。その５点の資料をＡ４サイズ２枚に印刷した資料から，生徒に読み取らせることを「見つけ学習」の手法で行ったのです。

・室町幕府は，どんな原因で滅びていったのかを予想する。
↓
・年表で，室町幕府後期の流れを読み取る。
・資料（５点）から，自分なりに「幕府が滅びていった要因を三つ見つけよう」と促して進める。
↓
・滅びた一番の原因について，自分なりの思いを書く。
↓
・みんなでコの字の座席になって，資料から見つけた滅びた原因で一番だと思うことを話し合い，聴き合う。
↓
・守護大名に代わって，登場してきた戦国大名の動きを守護大名

> の様子と比較して「見つけて」みんなで立ち止まって考える。
>
> ↓
>
> ・戦国大名として、織田信長、武田信玄、上杉謙信の動きを年表で示して、次時の授業に結び付ける。

　このような大まかな流れで示しておわかりになるでしょうか。これを1時間（50分）の授業で進めるのです。資料から、「見つけをたのしむ」授業ができれば、最高です。

(2) 公民的な分野の授業を進める

　中学校の公民的な分野は、現代の私たちの暮らしに直接結び付く学習です。
　ここでは、単元「基本的人権と個人の尊重」をどう扱うかを考えてみましょう。まずは、導入として、「子どもの人権」を考える授業を行います。
　次のような授業展開になります。

> ・子どもの人権として、どんな権利があるかを予想してみる。
>
> ↓
>
> ・子どもの人権には、「生きる権利」「育つ権利」「守られる権利」「参加する権利」のあることを理解する。
>
> ↓
>
> ・それぞれの子どもの権利が、どんな内容を持っているか、私たちの身の回りから、それぞれの権利を見つける。（家庭生活、学校生活、日常の生活、などを対象にして、それぞれの中に隠れている「子どもの権利」をたくさん見つける。）
>
> ↓

- 「義務教育を受ける権利」とは，どういうことか，「義務と権利」という二つの面から，みんなで考えてみる。
  ↓
- 人間らしく生きる権利としての基本的人権として，人間には，平等権，自由権，社会権，参政権などが保障されていることを次時に学ぶと予告して終わる。

　公民的な分野の学習は，私たちの身の回りを再度見つめ直すことです。今まで何気なく見過ごしていたり，気づかなかったりした「自分の暮らし」について，それが，多くの人たちの努力で得てきたことであったり，これからも守っていくべきことであることを「見つける」学習です。
　とくに，「義務教育を受ける権利」を立ち止まって考える（本時の越えるべきハードルです）ことは，子どもたちの毎日の生活ともつながり，それがまだ実現していない国の事例を資料から見つけることによって，実感としてとらえることができると考えます。

　この公民的な分野では，やはり「予想する」学習を大事にしていきましょう。とかく公民的な分野は知識理解に陥りがちな授業になります。それを自分の身近な問題に引き寄せて考えるためには，この「予想する」学習段階が欠かせません。

　小学校の社会科の授業は，「現場学習の例」として，すでに23ページで消防署の実践を記しました。「たんけん」学習の在り方をぜひとも実践してほしいと願っています。また資料を読み取る学習についても事例的に示しました。
　何度も言うようですが，「すごいな！」「心に強く残ったな！」「変だ

3 教科の「見つけ学習」の実際

な！」と思うこと「見つけ」をして，見つけたことをみんなで語り合い，学び合うことを軸に授業を展開する手法をシンプルに継続してください。きっと子どもたちは社会科の「見つけ学習」にのめり込んでいくと思います。

3　理科　—実験・観察からの「見つけ」のコツ—

　理科の授業においても，「見つける学習段階」の前提として，予想する段階を大切にしましょう。
　ここでは，6年の「てこのはたらき」（大日本図書）を例にして考えてみましょう。てこの学習では，支点，力点，作用点の三つの関係を学ぶ学習ですね。ここでは，図のような大きな袋を持ち上げる道具を用意します。

（平成23年度版『たのしい理科6年』大日本図書，P.47より）

- まずは，この道具を見ていて，あの袋を持ち上げるのに，「軽く持ち上げる方法を予想してみよう」と問いかけます。また，「袋の位置が変わると，持ち上げ方に，どんな変化が現れるかを予想してみよう」と言います。袋の位置をあれこれ変えて，どんな持ち上げ方になるかを三つ以上予想させます。

↓

- 予想をみんなで語り合い，お互いに似ているところ，ちょっと違うところを確認してから，実際に，試して（実験）みる。（四つ以上の「見つけ」を持てるように，自分で積極的に実験に参加することをめあてにする。）

↓

- 実際に試したことから「見つけたこと」をノートに箇条書きに書く。図を入れたり測った長さを入れたりして具体的に「見つけたこと」を記述する。

↓

- コの字型になって，みんなで「見つけたこと」から，どんなことがわかったかを話し合い，聴き合う。

↓

- 支点から，作用点，力点までの間に，どんな関係があるかをみんなでもう一度実験に戻って確認する。

↓

- 本時の授業の中で，学んだことを授業感想に書く。

　以上のような展開の仕方で行うと，子どもたちは，実験する活動の中で，「たくさん見つける」「一番すごいなと思ったことを見つける」活動に真剣に取り組み，探究心旺盛な授業を展開することができます。

同じ6年生に，「植物と日光の関係」を学ぶ単元があります。この場合も，晴れた日に，ホウセンカにビニール袋をかけておくと，どんなことが起きるか，予想させます。そして実際にビニール袋のかぶったホウセンカの様子を観察するのです。
　この場合，「予想したことと比べながら，実際にビニール袋をかぶったホウセンカの様子のすごいところ」見つけに取り組ませます。

　また，葉を取り除いたホウセンカの茎に，ビニール袋をかけて観察するように用意しておいて，葉のあるのとないのとを比べて，「すごいな」と思うことを見つけさせます。そして，そんな違いが起きたことについて，「どう思うか」をまたまた予想させるのです。

　理科のこうした授業を思い浮かべると，理科の授業も社会科の授業と同じく，「予想すること」から，「事実のすごいところを見つける」「それについて，どう思うかを話し合い，聴き合う」「それをまた予想してみる」「さらに実験や観察を続ける」となります。
　授業を行う教師の側が，シンプルでリズムある授業ができれば，子どもたちも生き生きとして学習するようになっていきます。

4　算数・数学　—問題からの「見つけ」のコツ—

　算数・数学の授業に「見つけ学習」が果たして適用できるであろうかと疑念を抱く人もいることでしょう。私は，何でも「見つけ学習」でやらなくてはならないとか，「見つけ学習」はオールマイティーであると，強引に言うべきではないと思っています。
　しかし，算数・数学の場合も，単元によっては，大いに「見つけ学習」の手法が生きていきます。

中学1年の「空間図形」(啓林館) の単元で,「いろいろな立体」を学びます。これなどは,下図のようないろいろな図形を見せて,この図形の中で,「よく似ている図形と似ていない図形見つけ」をさせることができます。

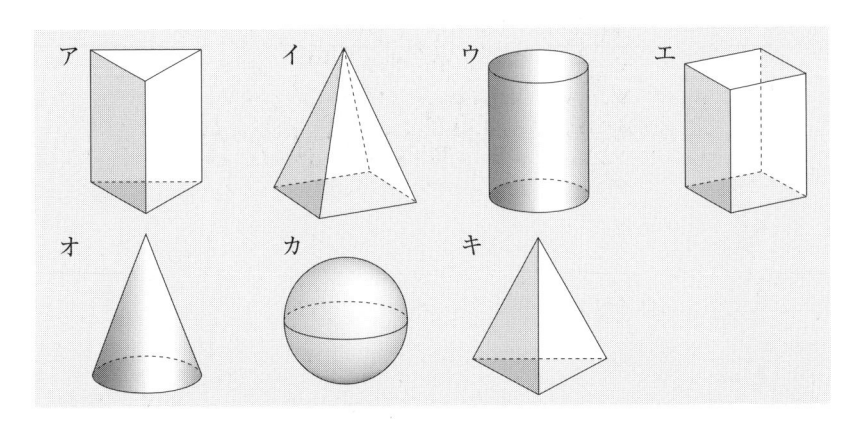

また,この図形の展開図を学ぶ時,あらかじめ「どんな展開図になるかを予想してみよう」と働きかけて,ノートに展開図の予想を描きます。

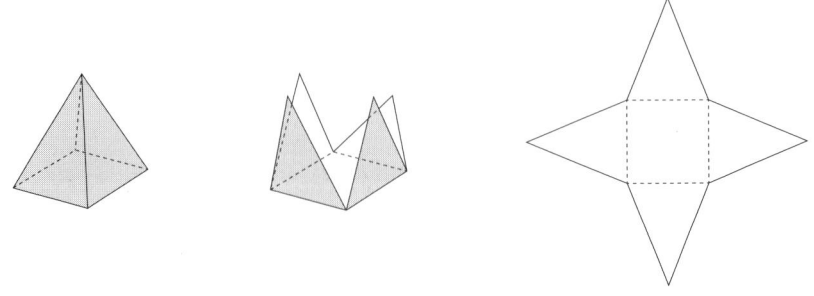

(平成24年度版『未来へひろがる数学1』啓林館,P.156(上図)およびP.159(下図)より)

そして実際に,自分の予想した展開図をケント紙で作成してみて,作ろうとした立体図形を作ることができたかどうか,確かめます。

黎明書房

〒460-0002
名古屋市中区丸の内3-6-27 EBSビル
TEL.052-962-3045 FAX.052-951-8886
E-mail:eigyo@reimei-shobo.com
東京連絡所／TEL.03-3268-3470
■価格は税[５％]込みで表示されています。
■ホームページでは，書籍のカラー画像や目次など，小社刊行物の詳細な情報を提供しております。「総合目録2012版」ダウンロードできます。

REIMEI SHOBO
新刊・近刊案内
2012.8月 NO.151

http://www.reimei-shobo.com/

▌8月の主な新刊

シリーズ・シニアが笑顔で楽しむ⑨
魔法のペットボトルで手軽にフィットネス
斎藤道雄／著　A５判　93頁　定価1680円　8／上刊

ペットボトルさえあれば，誰にでも楽しく適度な運動ができて，心も体もスッキリ！シニアが夢中になれる超簡単フィットネスを紹介。

新 算数指導の疑問これですっきり It's OK！
柴田録治／監修　岡崎市算数・数学教育研究部／編著　B５判　188頁　定価2520円　8／下刊

授業展開の実際例や，ノート指導・板書のあり方，数字の書き方まで，小学校算数指導の現場からの疑問に明快に答える。算数指導のバイブル，待望の全面改訂！

▌読者のおたより

理想の学校がここにあったのか，とうらやましく思いました。応援します。（児童指導員）『**増補 自由学校の設計**』定価2940円／気軽に読める本がようやく出版されたという嬉しさでいっぱいです。自分の気持ち（喜怒哀楽諸々）に正直になってもいいんですね。何だか許されたような気がして，肩の力が抜けました。（36歳・男性）『**教師に元気を贈る56の言葉**』定価1575円／感無量です。『**トラウマ返し**』定価1785円

▌自費出版お引き受けします　●お見積もりは無料です！

　日本書籍出版協会会員社の黎明書房が，60余年にわたる出版活動の経験を生かし，**自費出版のお手伝いをいたします。**
出版をご希望の方は，小社「自費出版係」まで詳細をお問い合わせください。Tel. 052-962-7333
E-mail:info@reimei-shobo.com　詩集／句集／歌集／自分史／論文集／小説／随筆集／その他
（小社の方針に添わない場合は，出版をお引き受けできない場合があります。）

ホームページではより詳細な情報をご覧いただけます。

小社の刊行書は、最寄りの書店にてお求めいただけ直接小社にご注文の場合は代金引換になります。図但し図書代金が1000円未満の場合には送料が300円

5・6・7月の新刊

全員を聞く子どもにする教室の作り方

多賀一郎/著

A5判　147頁　定価1995円　ISBN978-4-654-01873-4

恐ちゃ2刷
教室づくりの決定版!

人の話をきちっと聞けないクラスは学級崩壊の危険度が高いクラスです。反対に人の話を聞けるクラスにすれば、学級も授業も飛躍的によくなります。聞く子どもの育て方を具体的に初めて紹介。

教師のための携帯ブックス⑪
教室で家庭でめっちゃ楽しく学べる国語のネタ63

多賀一郎・中村健一/著

B6判　96頁　定価1365円　ISBN978-4-654-00321-1

聞く力を鍛えるゲームもいっぱい!

楽しみながら国語の言語感覚を磨けるクイズやゲーム，パズル，ちょっとした話などを，低学年・中学年・高学年に分けて紹介。

教師のための携帯ブックス⑫
おもしろすぎる算数5分間話①

平林一栄/著

B6判　93頁　定価1365円　ISBN978-4-654-00322-8

鶴亀算も超簡単!

おもしろすぎて時間を忘れてしまう算数の話を14話紹介。植木算の落とし穴／数と数字のちがい／三角形と四角形のちがい他。

教師のための携帯ブックス⑬
おもしろすぎる算数5分間話②

平林一栄/著

B6判　93頁　定価1365円　ISBN978-4-654-00323-5

0と1は偶数? 奇数?

中学へ行ってもつまずかないように，「素数」や「数列」，「二進法」の話も算数レベルで分かりやすく説明。試合の数は全部でいくつ？他。

……書店にない場合は，その書店にお申込みください。
……書代金（本体価格＋消費税）と送料（200円）が図書受取時にかかりますのでご了承願います。
……必要となります。図書代金が2500円以上の場合は，小社で送料を負担します。

先生が進める子どものためのリラクゼーション
－授業用パワーポイントCD・音楽CD付き

CD2枚付

田中和代／著　　　　　　　ISBN978-4-654-01874-1
A5判・ハードカバー　68頁 CD2枚付　定価2625円

音声ガイド入りの音楽CD「となりのトトロ」「星空につつまれて」を聞きながら，心も体もリラックス。効果のあるリラクゼーション（呼吸法）が，小学校高学年から大人まで誰でもすぐできます。

▼田中和代先生の本　大好評発売中！

高機能自閉症・アスペルガー障害・ADHD・LDの子のSSTの進め方
－特別支援教育のためのソーシャルスキルトレーニング（SST）

大好評25刷

田中和代・岩佐亜紀／著　定価2730円　B5判　ISBN978-4-654-01852-3
ゲームや絵カードを使ったSSTの実際を詳しく紹介。

特装版 絵カード付き 高機能自閉症・アスペルガー障害・ADHD・LDの子のSSTの進め方－特別支援教育のためのソーシャルスキルトレーニング（SST）

田中和代・岩佐亜紀／著　定価3990円　B5判・ハードカバー　実物絵カード8枚付き　ISBN978-4-654-01054-7

発達障害の子どもにも使える カラー版 小学生のためのSSTカード＋SSTの進め方
定価3780円　B5判　解説書・SSTカード16枚／ビニール袋入り
ISBN978-4-654-01055-4

カウンセラーがやさしく教えるキレない子の育て方
定価1260円　四六判　ISBN978-4-654-06532-5

ゲーム感覚で学ぼう，コミュニケーションスキル
－小学生から　定価1680円　A5判　ISBN978-4-654-00301-3

特装版 障害児のための個別の指導計画・授業案・授業実践の方法

太田正己／編著

B5判・ハードカバー　135頁　定価3990円　ISBN978-4-654-01057-8

同名書籍に，付録カード（個別の指導計画の作成に役立つフォーマット）8枚を付けた上製特装版。

5・6・7月の新刊

新刊・近刊案内は年

子どもに必要なソーシャルスキルのルールBEST99
忽ち重版!
2012年NAPPA（アメリカの優秀な子育て本に与えられる賞）銀賞受賞!
スーザン・ダイアモンド/著　上田勢子/訳
B5判　128頁　定価2625円　ISBN978-4-654-01877-2

学習障害，自閉症スペクトラム，感情面に問題を持つ子が，生活を上手に送るための必須のルールが確実に身につく本。

▼ SSTの本　わかりやすい，使いやすいと大好評!

自尊感情を持たせ，きちんと自己主張できる子を育てるアサーショントレーニング40
－先生と子どもと親のためのワークブック　**5刷**
リサM.シャーブ/著　上田勢子/訳　定価2835円　B5判　ISBN978-4-654-01862-8

自閉症スペクトラムの子どものソーシャルスキルを育てるゲームと遊び
－先生と保護者のためのガイドブック　**7刷**
レイチェル・バレケット/著　上田勢子/訳　定価2310円　B5判　ISBN978-4-654-01053-0

生まれてよかった！
－子どもにいのちの大切さを伝える楽しい性教育の進め方

旭川医科大学医学部産婦人科学教室教授 **千石一雄**/監修
青木智恵子/著
B5判　103頁（カラー口絵5頁）　定価2730円　ISBN978-4-654-01875-8

赤ちゃん誕生の感動を！

誰もが「生まれてよかった」と実感できる感動の性教育の手順を，紙しばい・ホワイトボードシアターの台本や写真等を交え紹介。

親から頼りにされる保育者の子育ち支援
－気になる子も，気になる親も一緒に保育

芸術教育研究所/編　**忽ち2刷**
B5判　94頁　定価2100円　ISBN978-4-654-06092-4

保育者として自信がつく本。

保育者の親や子どもに対する支援づらさを解決する具体的な方法を多数紹介。発達の気になる子への支援のポイントも紹介。

それぞれの図形の展開図と実際にできた立体模型から，学んだ「すごいなと思うこと見つけ」をさせます。自分がはじめに考えていた展開図とできあがった模型のズレを確認しながら，「見つけ」を行います。

　算数・数学の授業においては，「計算式はできるのだが，文章題ができない子ども（生徒）が多い」という悩みがあります。これは，算数・数学の能力ということもありますが，文章を的確に読み取る力に問題があると言わざるを得ません。

> 　私は，算数・数学の文章題に取り組む場合，まずは，自分で文章題から，「何を求められているかを見つける」ことに力を入れます。いくつかの文章題の問題文を読ませて，「何を求める問題か」を見つけさせます。問題を解くことよりも，「見つける」ことに力を入れます。赤鉛筆でマークしながら，見つけていきます。

　そんな地道な活動を，実際に問題文にあたったときに，いつも確実に行う子どもにしていくことです。それだけで，問題文とかけ離れた解法をすることなく，正しい解法の仕方を「見つける」ことがかなりできます。

5　総合的な学習での「見つけ」のコツ

　前にも記したように，「見つけ学習」は，普段着の授業をちょっと無理してがんばることによって，授業が生き生きとした「学びの場」になることをめざしたものです。それを「教育実践の日常化」と言ってきました。

> 普段着の授業に「見つけ学習」のワザを生かすだけで，一味も二味も違う授業の展開が可能になるのです。

　でも，「見つけ学習」で培った学習力は，更なる発展的な授業実践を行えば，いっそう磨きのかかった「学習力」として，子どもたちの血と肉となっていくのです。

　ここでは，総合的な学習でのダイナミックな実践事例を紹介して，その一端を味わってもらいましょう。

(1) 東日本大震災を取り上げる

　2011年3月11日という日は，日本人にとって，決して忘れてはならない日であり，忘れられない日です。しかし，東日本から遠く離れている地域においては，その激震も津波も遠い日の出来事として，風化していきます。

　この愛知の地において，この地震と津波の被災地の思いを実感し，さらには，自分たちは，被災地のために何ができるか，また東海地震，東南海地震という大地震がいつ起きるとも限らない状況の中で，切実感のある「学び」をぜひとも展開したいという教師がいました。

　その教師は，5年生の総合的な学習の時間として，心に深く残る授業をしたいと考えたのです。

　その単元を構築するのに，半年以上の年月を費やして，「単元　探ろう！　津波の真実」(30時間完了)を設定したのでした。

(2) 単元計画「探ろう！ 津波の真実」(30時間完了)

何はさておき，その教師の構築した単元構想を見てみましょう。

ここでは，その概略を見ていきます。注意して見ていただきたいのは，そこに日頃行っている「見つけ」のワザがいかんなく生かされていることです。(○数字は時間数)

・3月11日の大震災の映像を見たり，当日や翌日の新聞記事を見たりする。 ②

↓

・大震災の被害に遭った私たちと同じ小学生は，どんなことを思っているだろうか，予想する。 ①

↓

・「つなみ」(文芸春秋刊)の小学生の作文を読み，心に残ったことを見つける。そして，見つけたことについて「どう思うか」自分の考えを書く。 ②

↓

・「津波はほんとうにこわい」もっとほんとうの津波の被害を新聞やネットで見つけよう。 ③

↓

・資料から見つけたことを抜き出し，その事実からどう思ったかを書いて，それを学級全体で学び合いをする。 ②

↓

・大震災に全国各地から救援の手が差し伸べられていることに気づき，それは豊田市でもいろいろな救援の手立てが行われていることに気づく。 ①

↓

・豊田市にも救援活動に行った人たちがいることを知り,「救援活動をした人にお話を聴く計画」をたてる。①

↓

・救援隊の人は,どんな気持ちで参加したのか,どんな救援活動をしたのか,行って活動して,今はどう思っているかを予想してみる。①

↓

・被災地に救助・救援活動に行った人から,聴きとり調査をする。救援隊の人は,何を語ってくれたか,お話や写真から,どんなことばや場面を見つけることができたか,書き綴る。②

↓

・聴きとりをしたことについて,自分(子ども)が,見つけた「こと,もの,人」に関することを語り合い,どう思ったかを学び合う。⑤

↓

・子どもたちの学び合いの中で,こだわりが生まれたことについて,再度手紙を書いて救援隊の人にたずねる。①

↓

・もしもこの豊田市に大震災が起きたら,その対策はどうなっているかを見つける。②

↓

・自分たちが学んだことで,ぼくたち私たちは,これから,東日本大震災に対して,どんなことをしていくべきか,また,豊田市に地震が起きることを予想して,どんな備えをしていくべきかを考える。⑦

以上のような30時間に及ぶ授業の構想は，授業者自身が岩手県の大槌町に赴き，取材をしたこと，豊田市の図書館の協力で資料を潤沢に準備できたこと，豊田市から自ら志願して救助・救援に赴いた大山さんの取材協力を得られたことなどの事前準備ができたことによって，実践へと移されていったのでした。

　この単元展開にも，「見つけ」の活動がいたるところに生かされている（活用されている）ことを読み取っていただけたでしょうか。改めて「見つけ学習」は，特殊な個性的な学習法ではなく，「学びを具体的に行う活動」として理解していただけものと思います。

(3) 1時間の授業に見る「見つけ学習」の展開

　30時間に及ぶ授業の中で，ここでは，私自身が参観することのできた1時間の授業を紹介したいと思います。

　　　　　　第5学年1組　総合的な学習指導案
（単元観，子ども観，指導観は略します。）
2　本時の目標
・消防士の大山さんに聴きとりをして，見つけたことや一番思っていることを語り合い，救助・救援活動に行った人たちの願いや気持ちを明らかにすることができる。
・学び合いを通して，救助・救援活動へ行った人たちの立場の気持ちや願いをどれだけ見つけることができたか，また自分自身に置き換えて考えることができる。
3　学習過程
［つかむ5分］本時の学習課題を確かめる。
①　消防士の大山さんに聴きとりをして，見つけたこと，思った

ことを学び合おう。
［深める］
② 見つけたこと，思ったことをつけたし発言をしながら，聴き合う。
緊急消防援助隊（第5次隊）として，宮城県亘理町(わたり)，山元町で救助活動を行った大山さんのお話や写真から，見つけたことを語り合う。（教師は，子どもの見つけた話題を仲間分けして板書する）
・救助の活動に行ったのに，実際は遺体の捜索に終始したことをどう考えるか，立ち止まって考える。
・もし，自分が消防士だったら，被災地へ救助活動に行くかどうかを考える。＜行く×行かない＞を軸に語り合う。
③ 大山さんが「早く行きたかった，歯がゆかった」と言われたことについて，どう思うか，考えて自分と比べてみる。
［広げる］
④ 学び合いの中で，はっきりしてきたことと，今後さらにはっきりさせたいことについて，自分の考えを書く。

この学級では，「見つけ学習」が，この授業でも普段着の授業の延長として，ごく自然に位置づいていました。私は，子どもたちが，真剣なまなざしで語り合うことに，ひたすら耳を傾けていました。

(4) 自主教材でも，「見つけ」の学習方法は，生きる

私は，この30時間に及ぶ「探ろう！ 津波の真実」が，子どもたちの生き方に，深く食い込んで展開されていったことに，授業者である教師の意気ごみと，ふだんから，「見つけ学習」の手法をきめ細かく指導していることが重なって，感動深い思いを味わうことができました。

3 教科の「見つけ学習」の実際

・子どもたちが実感として感じ入る学習
・子どもたちが参加しやすい学習
・子どもたちの生き方をゆさぶり，高めていく学習

という印象を強く持ちました。

> この授業を行った5年1組の子どもたちの中から，3名の子どもたちが，冬休みにディズニーランドに行く計画を変更して，被災地を訪れて親子でボランティア活動に励んだことに，私は，この実践の本物感を強く感じたことでした。

（この授業実践を提供してくださった教師は豊田市立挙母小学校松井良仁先生です。）

4
「見つけ学習」で学習力を さらに高める11のワザ

1　目で見る，鼻で見る，さわって見る，耳で見る

　「見つける」というキャッチフレーズは，私たちが子どもの頃，「かくれんぼ」をしたことにつながります。
　「もういいかい」「まあだだよ」「もういいかい」「もういいよ」の世界です。

　授業の中で，国語ならば文章事実から，社会科ならば「たんけん」や資料から，算数・数学ならば問題文から，理科ならば実験観察から……というような学習対象から，自分なりのこだわりとするところを「見つける」営為です。

　それは，まずは「目で見つける」を基本にします。目を凝らして，あるときは顕微鏡になって，あるときは望遠鏡になって……いやいや虫めがねを駆使しているような，そんな体験的な学習法です。

　小学1年生の生活科の授業に「あさがおのさいばい活動」があります。どこの学校に行っても，1年生のテラスにはあさがおの鉢植えが並んでいます。このあさがおの栽培活動を通して，「生き物に親しむ」ことをまずは学びます。

4 「見つけ学習」で学習力をさらに高める11のワザ

　具体的に「親しむ」ということは、あさがおさんと「お話したり、好きになったり嫌いになったり、かわいがったり、放ってしまったり、あさがおの花やつぼみの不思議を見つけたり……そしてあさがおのあかちゃん（タネ）をとって、次の1年生に手渡して……」そんな学習です。

　あさがおがつぼみをつける頃の授業を、私も参観することがあります。そんなとき、私がいつもお願いしていることは、「スケッチブックのようなものを持たせないで、子どもが手ぶらであさがおさんとお話するような仕掛けをしてください」ということです。

　つまり手ぶらということは、何も持たないで、あさがおさんと向き合うのです。そうすると子どもたちは、あさがおさんにさわったり、においをかいだり、葉っぱの数を数えてみたり……さまざまな活動に浸ります。

　あさがおさんと向き合うのです。「あさがおさんの『すごいな！』と思うことを三つ見つけたら、教室に戻ってきて先生にお話してよ」と言います。子どもたちは「すごいな見つけ」をします。

「ひげがはえている」「葉っぱの裏は白いよ」「とげがいっぱいあるなあ」「つぼみの先がピンクになっている」「あさがおさんはまるで木登り名人のようだ」「葉っぱが黄色くなってい

るけれど，病気になったのかなあ」などなど，子どもたちなりに見つけてくるのです。

　その見つけたことを忘れずに，教室にいる先生にお話しできる子，スケッチブックに教室で描く子をめざします。そこに大きな学習があるのですね。

　「見つけ」は，目で見つけることを基本にすると言いましたが，鼻で見つける，耳で見つける，さわって見つけることを奨励します。五感を鋭くしていく子どもは，高学年になって敏感さを発揮して，実験や観察，「たんけん」に力を発揮していきます。五感を使って「見つける」ことは，実感的な学び方（感じ方）を育てていくことになります。

「見つけ学習」で注意したいこと

　一つだけ「見つけ学習」で注意したいことがあります。それは，「聴いてしまってすませてしまう子」です。あるいは，中学年になって「街たんけん」をしていく場合，お店の人や住んでいる人にすぐに聴いてしまって「教えてもらう」ことをする子どもたちは，要注意です。

　それは理科や総合的な学習でもそうですが，「聴いてものごとの理屈だけを理解する子ども」になってしまうからです。理科の実験で「自分の目で見つけていくこと」をしないで，何でそうなるかをすぐに教えてもらう（教師や知っている子に正解を求める）子どもは，「自分で見つけよう」とするエネルギーの乏しい子どもになってしまいます。

　たとえどんなに素朴なことでも，子どもが「自分で見つける」ことを基本にして，授業を組織していく教師になっていってくだ

さい。

＜ちょっと一言＞多くの先人の実践があってこそ

　私は，この項で書いた「目で見る，鼻で見る，さわって見る，耳で見る」という手法ももとをただせば，有田和正先生の実践に学んだことによって，その手法を拝借させてもらったのです。

　思えば，私が本書で記していることのほとんどは，そうした先達の苦心惨憺した中で，編み出されてきたワザであり知恵です。

　奈良女子大学附属小学校で長く教師を続けられた長岡文雄先生，小集団活動に道を開かれた大西忠治先生，認識論でたくさんの教えを受けた砂沢喜代治先生，思い出しても数え切れない俊秀な先達の賜で，私は教師の仕事を味わい深いものにするヒントをたくさんたくさんいただきました。

　今，そのバトンを私はみなさんへ手渡すときだと思い立って，ここに記述しているのです。

2　ベルタイマーを活用する

　これは「見つけ学習」に限ったことではありませんが，授業で大切なことは，「時間管理をきちんと行う」ことです。子どもたちに「集中度の高い学習」をさせたいと思ったら，「時間管理をきちんと行う」ようにしましょう。

私は，そのために教室にはベルタイマーがあるといいなと思います。あの家庭でお母さんたちが使っているキッチンタイマーですね。あれを教室に一つ常備すると便利です。「今から3分でこの資料から……を三つ見つけてください」と指示して取り組ませます。「はい3分ですよ，ようい始め」で一斉に集中する環境をつくります。

　このベルタイマーを使うにあたって，いくつか配慮するといいと思うことがありますので，それを以下箇条書きにしてみたいと思います。

① 　低学年ほど1分とか2分という短い時間で行うことです。それは集中度が切れやすいのですから，「今から20分間ですよ」なんていう長い時間を使わないでください。
　　高学年でも理科や社会科の観察・資料の読み取りは7分が限度です。算数の問題をする場合も，「今から3分がんばってください」と言います。
② 　この時間は，「やれる」とか「できる」時間ではなくて，「がんばる」時間であるということです。だから，ベルが鳴ったときに，「できましたか」と言うのではなくて，「がんばったかな」と言ってください。
　　つまり学習は，「能力を見る時間」ではなくて，「努力を見る時間」とすることです。途中でやれていなくても，「じゃあ，あと3分延長しますよ」なんて言わないことです。

「延長する」やり方を日常的にしている教師には,「ああこの先生は時間を延長してくれるから,いいや」と思って集中度が極端に落ちます。「時間を延長せずがんばる時間」とすることです。

③　国語の音読をする場合,小学校でも中学校でも全員起立して音読させましょう。その場合「一度読んでください。読めた子から座ってください」と指示しないことです。「一度読めた子は座ってください」と言うと,早口で読んでしまって座る子が出てきます。読みがいい加減でも平気で終えてしまうのです。こんな読み方を私は「新幹線読み」と言って「それでは読んだ中身がよく見つけられない読みでダメです」と注意します。

　そんな注意をするよりも,「今から3分心を入れて読んでください」と指示します。一度読み終えた子どもは前に戻って繰り返して読みます。こういう仕方をいつもしていると,実に落ち着いて読む子どもが育ってきます。

　以上のような視点でベルタイマーを活用してほしいものです。私の訪問している多くの学校では,このような配慮をして,落ち着いた学習活動を展開している教室が多く見られてうれしいかぎりです。

　また,中にはベルタイマーを2個用意して,二つ目のベルタイマーを小学校ならば,35分,中学校ならば40分に設定して,授業終わり10分を知らせてくれる活用の仕方をしている教師もいます。「はい,あと10分になりましたね。さあ,きょうの授業のまとめに入るよ」とか「いろんな意見が出てきたけれど,あと10分になったから,どの意見が一番心に残っているか,その箇所をもう一度確認してみましょう」などと,授業終盤の動きがスムーズに行くようになっています。

私としては，時間管理をしっかり行って，時間を有効に活用できる教師や子どもたちになってほしいなと思っています。

3　「見つけたこと」は箇条書きにする

　小学校の低学年でもそうですが，高学年でも中学校でも「見つけ学習」では，「見つけたことをノートに書かせる」場合，箇条書きにさせることです。きちんとした文章で書かせるのではなく，メモ的な羅列でもいいし，箇条書きにすることもOKとしましょう。

　子どもたちが，「見つけ」を行っている場合，「見つけること」に集中させたいものです。そのためには，書くことに手間どるようでは時間がもったいないです。あとでも言いますが，その箇条書きした「見つけた事実」を間違えたと思って，消しゴムで消す子がいますが，消しゴムは使いません。
　もしもこれは違ったと思ったら，消しゴムは使わず，斜めに鉛筆で線を引いてそれでよしです。

　国語で，「心に残ったところ見つけ」や「すごいなあと思うところ見つけ」をする場合，教科書にサイドラインを引かせましょう。
　サイドラインの引かせ方は，できるだけ「短く引く」ことを教えます。

小学校の低学年ですと「ぜんぶ心に残った」と言って，全部の文章に引く子がいます。そんなときは，「すごいねえ，全部心に残ったのですか。だったら，その中でもとくに心に残ったところにもう一度二重線を引きましょう」と仕掛けていきます。そうするとだんだん「心に残ったところ」「すごいなと思うところ」に線を引くことができるようになります。

「見つけ学習」をやっていると，一つ見つけて「もうやってしまった」と言っている子どもに出会います。そんなこともあって，「すごいなと思ったことを三つ以上見つけよう」というような数を示すことが大事なことです。

---

4 いくつか見つけた中で，「一番の見つけ」を子どもが決める

子どもたちに「見つけ学習」をさせて，いくつかの見つけを子どもたちがノートやプリントに書きます。あるいは教科書にアンダーラインやサイドラインを引きます。ノートには，前にも言いましたように，箇条書きや羅列的な書き方で書いてありますね。

そんなときに，よく見かける光景に，教師がその「見つけた事実や思い」を書いたノートに朱筆を入れることが多々あることです。

とくに教師が，この子どもの「見つけ」でいいなと思ったところや，よい思いに朱筆や花丸をつけることです。あるいは，「この考えはすごくいいですね」「とってもいい考えだから，ぜひ発言してください」なんて書く教師もいます。

> 私は，朱筆や花丸をつけないほうがいいなと思っているのです。

子どもたちは，教師がそういう朱筆や花丸をすることによって，自信を持って発言できるかもしれません。しかし，どうもそれは教師が授業を進めるのに，好都合のところに朱筆を入れがちになるということです。子どもたちも教師から「保障」してもらったところに頼るようになります。これはいかがなことでしょうか。

> 私は，子どもたちが，いくつか見つけた中でどれが一番だと思ったかは，「子ども自身に決めさせる」ことが大切なことだと考えています。

子どもは自分で「どれが一番すごいことだ」「心に残ったことだ」と決めることで，実に大きな学習をしているのですし，それが教師に依存しなくても発言や自信に結び付けることができる子どもにすることになるのです。

朱筆や花丸を入れないと，熱心な教師ではないと思っている人もいるかもしれませんね。しかし，教育の大切な面として，子どもの自立を促していく手法を適用することです。教師の熱心さが裏目に出る場合もあります。

ただし，愛知教育大学の志水廣先生のような「算数の授業における○つけ法」を提唱されている先生も見えますね。私はそれに逆らうつもりはありません。一斉授業の中で，個別指導を的確に行う事例として，重要な提言だと受けとめています。ただ，そればかりでは，片手落ちになるかなと案じているのです。

私の言うところの朱筆は，子どもに「あのね，先生にあなたが一番すごいな，心に残ったところだなというところを教えてくれませんか」と尋ねることによって，子どもたちにとっても「学習」があり，教師も子どものこだわりがどこにあるかを知ることになって，一石二鳥のやり方ではないかなと思うのです。

5　「見つけ」で再現する力をきたえる

> 「見つけ学習」では，まずは「事実見つけ」（事実認識）をしっかりできる子ども，がんばる子どもにします。

理科で花の観察をしたりじゃがいものでんぷんを観察したりします。そんなとき，自分が見つけた「事実」を再現することにがんばろうとする子どもの鍛えが重要なことだと思います。

社会科でも消防署の「たんけん」に行ったり，中学校での地理でフィールドワークをしたことを「再現できる」力を育てていくことです。消防署の「どこに何があったか」「どんなふうに置いてあったか」「並べてある順序はどうなっていたか」を再現できるということは，見つけを一生懸命やってきた子どもにとって，お得感のある授業になります。

小学校低学年での生活科の授業での「お店の再現学習」，中学校2年理科の「イカの解剖の再現学習」は，事実をしっかりとらえようとする力を子どもたちに育んでいきます。それをあいまいなままに進めることは，事実認識が育ったとは言えません。

　「見つけた事実を再現する学習」の意義をおわかりいただけたでしょうか。がんばってやらせていきたいものです。

6　「思い」の中で，一番こだわっていることを子どもが決める

　先ほどの事実見つけのところで，安易に教師が朱筆を入れるべきではないと言いました。それは，見つけた事実に対しての子どもの書いた「思い」についても同じことが言えます。子どもたちが「思い」をあれこれ書いていきますが，その中でどこが自分の一番主張したいこと，こだわったところであるかを決めることは，なかなか簡単にできそうでできません。「見つけた事実」の中で，一番を決める以上に，厳しい学習です。

> 　子どもが重要な箇所だと思って，アンダーラインを引いたりサイドラインを引いたりする場合，教師にとって不可解な箇所に引いてある場合も多々あります。
> 　そんなときこそ，教師が子どもを呼んで「そこに引いた（しるしをつけた）あなたの考えを聴かせてほしいな」と対話します。

子どもたちの中には、実に安易に線を引いたりしるしをつけたりしている子どももいます。そんな子どもたちに、「もう一度考え直してみよう」と思わせることも大事ですし、自分が書いた「思い」を読み直してみて、何が言いたかったのかを自分自身で再確認する営みは、大きな学習行為だと思ってください。

そういう学習行為を繰り返していく中で、何を書くべきか、書きたいかをはっきり意識できる子どもが育っていくのですね。

7 「比べて見つける」ワザを教える

> 「見つける」という活動をするとき、一つの学習対象から、見つけることも大事な学習ですが、他のものと比べてその「違いや同じところ」を見つける学習も効果的です。

3年生の理科の学習に、ホウセンカとひまわりを育てていく学習があります。その成長過程を実際にたどりながら、どういう違いがあるかを「見つける」活動は、とても意味のある学習になります。

算数で，比例と反比例の学習をする場合も，その違いをとらえることが容易になります。「長方形と正方形の違い見つけ」など，そのまま図形の性質につながる見つけができるようになります。

3年生の社会科で「学校の周りの様子」をつかむために，「道の違い見つけ」をすることによって，街の様子を浮かび上がらせていくこともできます。中学校の理科の学習で，草食動物の頭骨（シカ）と肉食動物の頭骨（ライオン）とを比較した授業を参観したことがありました。そこでは，驚くような感動を持って，新たな見つけを行うことができて，とても新鮮で感動的な授業が行われていました。

「比べて見つける」活動を授業の中で，意識して生かしていくと，学習対象をしっかり見ることができるようになります。このような学習をする場合も，時間を切って緊張感と集中のある授業をつくりだしたいです。

8 「つなげて見つける」ワザを教える

「つなげて見つける」ことも，学習対象が二つとか三つになっていくのですが，最初のうちは，一つの学習対象，たとえば，図のような分数の数直線から，「同じ分数見つけ」をするような学習もあれば，二つ以上の資料を結び付けたり，比べたり……いろいろな面をつないで考える学習の仕方もあります。

二つ以上の学習対象（それは資料であったり実験であったり）を結び付けて考える学習は，かなり高度の学習になります。しかし，日本の気候図と，日本の米の産地をつないで考えたり，また農業の機械化，

4 「見つけ学習」で学習力をさらに高める11のワザ

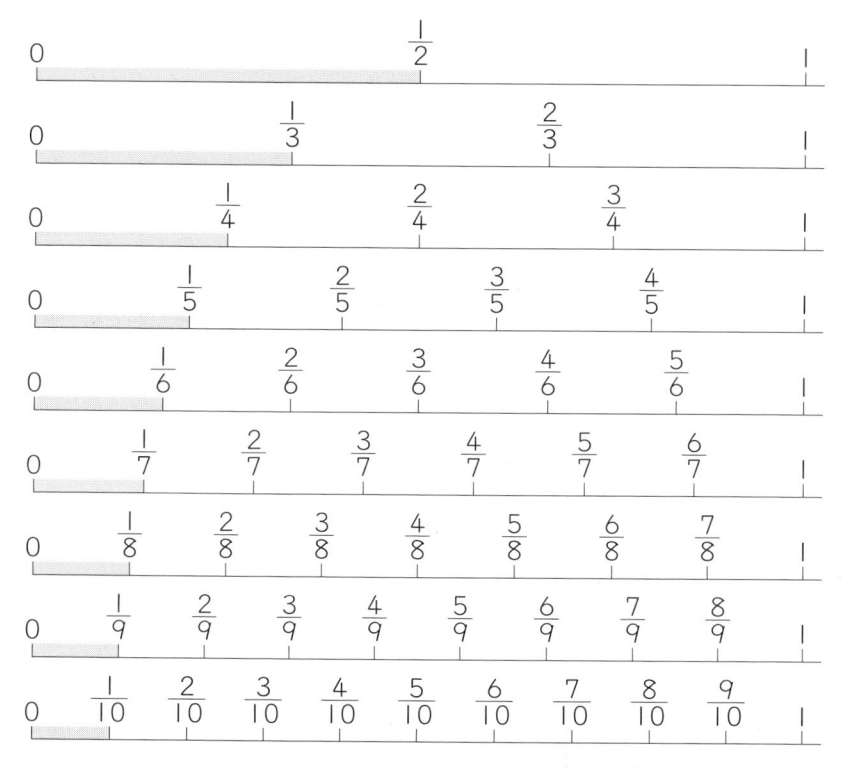

$$0 \quad \frac{1}{2} \quad 1$$

$$0 \quad \frac{1}{3} \quad \frac{2}{3} \quad 1$$

$$0 \quad \frac{1}{4} \quad \frac{2}{4} \quad \frac{3}{4} \quad 1$$

$$0 \quad \frac{1}{5} \quad \frac{2}{5} \quad \frac{3}{5} \quad \frac{4}{5} \quad 1$$

$$0 \quad \frac{1}{6} \quad \frac{2}{6} \quad \frac{3}{6} \quad \frac{4}{6} \quad \frac{5}{6} \quad 1$$

$$0 \quad \frac{1}{7} \quad \frac{2}{7} \quad \frac{3}{7} \quad \frac{4}{7} \quad \frac{5}{7} \quad \frac{6}{7} \quad 1$$

$$0 \quad \frac{1}{8} \quad \frac{2}{8} \quad \frac{3}{8} \quad \frac{4}{8} \quad \frac{5}{8} \quad \frac{6}{8} \quad \frac{7}{8} \quad 1$$

$$0 \quad \frac{1}{9} \quad \frac{2}{9} \quad \frac{3}{9} \quad \frac{4}{9} \quad \frac{5}{9} \quad \frac{6}{9} \quad \frac{7}{9} \quad \frac{8}{9} \quad 1$$

$$0 \quad \frac{1}{10} \quad \frac{2}{10} \quad \frac{3}{10} \quad \frac{4}{10} \quad \frac{5}{10} \quad \frac{6}{10} \quad \frac{7}{10} \quad \frac{8}{10} \quad \frac{9}{10} \quad 1$$

(平成23年度版『わくわく算数4年下』啓林館，P.72より)

大規模化の問題と反対に兼業化や衰退する農村を重ねたりしていくことによって，日本の農業の問題に迫っていくことにもなります。

> 資料や学習対象をいくつか重ねて考えるようなことができれば，それだけ多角的，多面的に物事をとらえることになります。

重層的な思考が可能になったということでしょうか。そんなことも考えて授業を構築していくとたいへん興味深くなります。

9　教科書や資料をコピーしてノート作りを教える

　国語の物語や説明文を読み取る学習をする場合,「心に残ったところ」「すごいなと思うところ」を見つけてサイドラインを教科書に引くことをします。

> 　この場合,教科書を少し縮小して印刷し,それを子どもたちのノートに添付するやり方もあります。

　こうすれば,子どもたちは,それに書き込みもできますし,添付した教科書のプリントとノートの間に余白もできますから,そこに「どう思うか」を書きしるすことができます。

　社会科の資料をコピーしてノートに添付することも,多くの教師のみなさんが取り組んでいる方法だと思います。それは社会科だけではなく,あらゆる教科に通じるやり方です。いわゆる「小中学生でのノート作り」の指導にもなります。

　ほんとうは,実際の教科書,資料集に,そのまま朱書きをしたり,印をつけたり,縦横無尽に活用をして構わないのですが,資料集や教科書の余白が少ないこともあって,乱雑になる可能性もあります。「ノートに学習の足跡」を残しておく意味でも,ノート指導を考えてみる意義はあります。

10　消しゴムを使わないで「見つけ」を行う

　授業の中で，消しゴムをどう使うかは，かなり難しい問題です。私は教師になったはじめの頃は，普通に消しゴムを子どもたちに使用させていました。しかし，ある時期から消しゴムを使わないように指導してきました。それはなぜでしょうか。

　確かに「清書」するような大事なものには，消しゴムでていねいに消して書き直すことが大事ですが，普通にノートに書く場合，むしろ消しゴムを使うことに問題を感じます。

　低学年で消しゴムを使うことは，子どもたちの好むところです。しかし，その反面，消しゴムで消しているうちに，ノートが乱雑な状態になったり破れたりすることもあります。

> 　消しゴムで消すのは，何よりも消している時間がもったいないのです。もしも算数でも国語でも，「ちょっと間違ったな」と子どもが思ったら，斜めの線を引いて，その次に新たに書けばいいのです。

　その斜めに引いた箇所は，自分が間違っていると思ったことであっても，重要なつまずきの足跡になって，のちのち見直す場合にも，同じような誤りをしなくなります。

教師にとっても，斜めに線の引いてあるところは，子どもたちのつまずきやすいところであることを確認することになります。まさに子どもの「学習の軌跡」ですから，重要な活用法が考えられます。

11　指読みを行う

「指読み」なんていうことばは，聴きなれないことばかもしれませんね。私たちは，子どもたちに本を読ませる場合，本を立てて持ち，読むことがふつうだと思います。それを，本を机の上に置いて，人差し指で文字をたどりながら，読む方法を「指読み」と言います。

なんで「指読み」なんて聴きなれないことをさせるのでしょうか。たとえば，誰か代表の子どもが本を音読する場合，他の子どもたちは何をする時間でしょうか。真面目な子どもは，たぶんその代表の子が読んでいる箇所を目で追うでしょうね。

しかし，多くの子どもたちは必ずしも目で追っていません。本を見ているようで見ていません。一度そういう視点で，子どもたちの様子を見てください。

> 人差し指で，代表の子が読んでいるのをたどらせると，自然に子どもたちの目は，教科書や資料の文字の上をなぞることになります。つまり「文字をきちんと見る」ことを可能にするのです。

これは，小学校だけの問題ではありません。中学校では，英語のセンテンスを読むような場合，目が文字から離れてしまうことがふつうです。よく見ていないのです。それを中学生も指でたどるようにすると，英単語の綴りをきちんと覚えて，ケアレスミスのような些細な間

違いがうんと少なくなります。

　社会科や理科の資料をたどる場合も，指でたどりながら，「読む」（見つける）ことは，とても意義のあることです。多くの学校で「指読み」が活用されることを願わずにはおれません。

5
「見つけ学習」で学び合いを高める9つのワザと学習規律

1 授業という「バスに乗る」意識を高める

　授業は，子どもたちが授業に参加して意義があるのですね。そんなことは当たり前のことですが，案外そのことがあいまいなままになって授業をすることが多いようです。

　授業には，授業に子どもたちが「参加する」ということと，「授業を深める」という二つのめあてがあります。その二つのうちでどちらがまず大切にされなくてはならないかというと，それは明らかに「授業に参加する」子どもたちにする，子どもたちが「参加したくなる授業」をするということになります。

　私は，「授業というバスに全員乗ろう！」とかけ声をかけます。「バスに全員乗車」を合言葉にして授業を進めていく教師であってほしいのです。

　そんなことを言うと，「授業に全員参加するなんて不可能なことだ」と思われることでしょう。私もそう思いますし，至難な仕掛けです。しかし，「全員参加」をめざして努力することが教師に課せられた使命だとしっかり認識すべきです。

5 「見つけ学習」で学び合いを高める9つのワザと学習規律

　問題は,「参加している」という状態を,どこで評価するかではないでしょうか。「全員挙手している」が一般的な考えでしょうか。そんな全員発言なんて望んでいたら,授業は一歩も進まないということになるでしょうか。授業は発言することだけがすべてではありません。「聴き合う」ことも作業や活動をすることもあります。

> 　私は,授業に「参加している」かどうかは,「アイコンタクト」を一つの基準にしています。

　私は,多くの学校を訪問するとき,教室の前面から授業の様子を参観します。それは,子どもたちの目線が,表情がどうであるかを確認したいからです。どんなときに,集中した目で授業を受けているか,どんなときに飽き飽きした顔つきで授業を受けているか,を見届けたいからです。「アイコンタクト」は,そんな子どもたちへしっかりと意識づけたい学習規律の一つです。

　また,挙手して発言を求めるときに,授業者である教師が,発問してすぐに「2,3人の子どもだけが挙手しているだけで」指名をしてしまうことを,極力我慢してほしいと願っています。少なくとも半数以上の子どもたちが挙手するまで「待つ姿勢」が大事です。

　「さあ,これだけで授業バスを発車していいかな」と意識づけていくことです。教師は授業の進度も気になりますから,授業を急ぐ気持ち

もわかりますが，それでも年度が始まってしばらくは，「待ちの姿勢」を我慢強く貫くことです。これがおろそかになると「授業参加」というめあてはなし崩しになります。

　授業も45分，50分と長い時間ですから，途中で集中を欠いて，ダレた状態になりがちです。そんなときは，全員起立をさせて「はい，今から自分なりの考えを持てた人から座ってください」「三つ見つけた人から座ってください」と指示します。強制的な職権の発動かもしれませんね。でも，そうやってでも「授業というバスに乗る」ことを意識させていくことこそ，授業者の大きな使命であり，責任です。

2　発言する「仕方」を教える

> 　子どもたちに発言を促すときに，よく見かける光景は，子どもたちが挙手しながら「はい，はい」と叫ぶように言うことです。私はこれはやめた方がいいと思っています。

　それは第一に教室が騒々しい雰囲気になることです。「子どもたちに元気があっていい」と思っている教師もいるかもしれませんが，授業に落ち着きを欠くようになります。

　また，子どもたちは，「はい，はい」ということにエネルギーを消耗して，授業に疲れるのですね。指名してほしいために，だんだん大声で叫ぶように言っていると，当然疲れます。それに加えて，指名されないと一気に「なんで指名してくれないのだ！」というような気持ちになり，学級に不協和音が起きます。とげとげしいイライラ感も助長

5 「見つけ学習」で学び合いを高める9つのワザと学習規律

します。

「先生は、みんながきちんと挙手していれば、ちゃんと見えます。『はい、はい』を言わないでくださいね」と言ってやります。そうした教室は静かで落ち着きのある雰囲気を持っています。子どもたちもいたずらに疲れません。

また、発言のときに、「ハンドサイン」を使用する学級もあります。これは、授業者である教師にも、子どもたちにも、誰が「つけたし発言をしたいと思っているか」、誰が「おたずねをしたいと思っているか」など、はっきり見えます。

意見
つけたし
おたずね

> ハンドサインは、意見、つけたし、おたずねの三つを、手の指で表現するようにしましょう。

学級によっては、「反対」のハンドサインを作っている場合がありますが、私はあまり奨励しません。「誰々さんに反対で……」という強い言い方には、「怖さ」があります。反対された子どもの立場になると苦しくなります。学級が温かい雰囲気になるためにも、十分注意したいことです。

3 「つけたし発言」の奨励をする

私は、授業での発言は、「つけたし発言が基本」という考えを持って

91

います。

> つけたしというのは,「誰々さんにつけたして……」という話法です。この場合,「誰々さんにつけたし……」という子どもの名前を言って発言する習慣をつけると,「聴く態度」が,高まります。

「誰々さんにつけたして」と言えるためには,前に発言している子どもの意見の内容をきちんと把握していることができなければ,発言できないことになります。

それと同時に名前を言われた子どもの立場に立てば,「自分の意見につなげてくれた」「自分の意見をちゃんと受け止めてもらえた」という歓びがあります。話し合い・聴き合いという「学び合い」は,この「つけたし発言で,子どもの名前を言う」ことによって,高いハードルをクリアできます。

また,「つけたし発言」も次の三つに大きくは区分けされます。

「誰々さんと同じですが,………だと私は思います。」
「誰々さんにつけたして………だと私は思います。」
「誰々さんとちょっと違って………だと私は思います。」

この三つの発言の仕方のうちで,三番目の「誰々さんとちょっと違って……」が,前にも指摘した「反対意見」の発言の仕方を工夫した言い方です。

「反対で」と言うよりも,「ちょっと違って……」と言う方が,言う方も言われた方も,なごやかな中で授業を行うことができます。これ

は日常的な会話でも,「反対」ではなくて,「ちょっと違って」が有効な人間関係を築くことになると,教えてほしいものだと考えます。

さらにバージョンアップした話法を言いますと,

「前に戻っていいですか」「前に戻るんだけれど」
「話を変えていいですか」「話を変えるんだけれど」
「たとえばで言うんだけれど」
「ちょっと予想して言うけれど」

など,発言する一番最初のことばを教えて,子ども同士が「かかわり合う」ことのルールを示していくと,有効な授業の展開が可能になります。子どもたちがこの話法を自由に行う学級は,「かかわり合い,つながり合う」学級を強く感じることができます。

また,発言を「話す」から「語る」ような言い方への指導をすると,さらにかかわり合いは強くなります。たとえば,「私は……だと思うじゃんね,でね,……だからね……でしょう」というような日常的な会話に見られる話法を導入することです。「じゃんね」とか「でしょう」と言われると,他の子どもたちも自分なりの反応ができるようになり,「語り合い,聴き合い」の言語活動がいっそう深まります。

＜ちょっと一言＞言語活動としてのコミュニケーション力の鍛え

新しい学習指導要領では,「言語活動」ということばが目立ちます。言語活動の基本は,本来国語教育の領域ではありますが,今度の指導要領では,それを全教科で,意識して取り組むように促しています。

> 言語活動の領域は,「読む,書く,話す,聴く」の4領域です。
>
> 　その中でも,話す,聴くは,コミュニケーション力として,各学校で,授業実践の大きな課題として位置づけられています。

　あっちこっちの学校を訪問していて,学習指導案の中や授業の実際の場面で,「発表する」とか「発表してください」という教師のことばには,前々から違和感を持っていました。発表するということばには,相手意識が弱いなあというのが,私の率直な意見です。「発表しておしまい」「発表したら本時の授業での自分の出番は終わった」という意識が,どうも教室にただよっています。そういえば,教師も「発言しよう」「発表しよう」ということは,とてもよく言います。

　もう少し言うならば,聴く側を意識した発言の仕方を教えていないことです。「発表する」には,「聴く」ではなく「聞く」のことばが適当ではないかと思います。その「聞く」は,どこか発表内容をスルーしてしまう雰囲気があります。

　「発表する」とは違って,「話す」ということばがあります。これは相手意識をした話し方のできる子どもたちです。「聞く」も「聴く」に変わってきます。話す側も,聴き手の目や顔を見ながら(アイコンタクトをしながら)話すのですね。聴く側も「耳と目と心で聴く」ことを習慣づけていきます。聴く側も話し手を意識して見るようにします。ここまでできると,かなりコミュニケーション力は高まったと言えます。

私は，さらに欲張って，「話す」子どもから，「語る」子どもにしてほしいなあと思っています。「あのね，……じゃんね。そいで，誰々さんが，こんなことを言ったでしょう（うん）。だからさあ，やっぱり私はそれはさびしいことだと思うよ」こんな語りのできる子どもたちには，聴く側も反応せずにはおれません。単なる「聴く」ではなくて，「聴き合う」（うなずき，反応）が生まれるのですね。

　話し手も聴き手も表情，手振り身振りが入ってきます。それこそが，語り合い，聴き合いのできる教室ですし，コミュニケーション力が，質的にも学習力としてついたと言えると思います。

4　発言に反応する子どもに

　「子どもたちがかかわり合う」ためには，発言する内容に，反応する子どもたちにしていかなくてはなりません。

　よく見かける光景に，算数の答えを言って「何々だと思います。どうですか」と言うと，「いいです！」と全員で言うような学級がありますが，これは反応しているとは言えません。

　ただみんなが言うから，「いいです！」と声を揃えて言っているに過ぎません。聴いていなくても聴いていても，「いいです！」になってしまいます。

　反応するというのは，先ほども言いましたように，「ハンドサインで意思表示」をすることであり，うなずく，つぶやく，というような個別な動きであってほしいのですね。ここがとても重要な指導の仕方です。先に示したような，「じゃんね」「でしょう」という語りかけ方を指導することによって，反応しやすい雰囲気になることもできます。

反応するのは,声に出すことではなくてもいいのです。首を「うんうん」するとか,相手の方を見て,聴く姿勢をつくることによって,まずは可能になります。「アイコンタクト」ということを書きましたが,「話し手,語り手の方を向いて聴く姿勢をつくる」ことを指導しましょう。「聴く」という字は,「目と耳と心で聴くんだよ」を改めて子どもたちに教えていきましょう。

ドッジボールからキャッチボールのできる教師へ。

突然「ドッジボールからキャッチボールのできる教師へ」と言われても,なんだかきつねにつままれた感が強いかもしれませんね。

ドッジボールの「ドッジ」とは,どんな意味があるのでしょうか。この「ドッジ」には,「逃げる」「よける」「避ける」という意味があります。まさにドッジボールゲームは,ボールから逃げ回る,よけ回る,避けて逃げるゲームでしょうか。

それを教師の発言に置き換えてみると,子どもたちに「見つけたことを言ってごらん」と言っておきながら,子どもが教師のねらっていた発言内容と食い違ったり,予想もしなかった発言をしたりすると,「はい,他の人どうですか」と他の子どもにすぐさま振る教師がいます。せっかく一生懸命発言したのに,「はい,他に」と言われた子どもは,どんな

気持ちになるのでしょうか。

　そんな子どもは，自分の発言内容が間違っていた，先生の期待していたことを言えなかった，上手に発言できなかった，自分は認めてもらえなかったと，さびしく悲しく思うことでしょう。

　1時間の授業を参観していたとき，「はい，他には」を100回以上も言った教師がいました。私は授業記録をとることを放棄して，悲しくつらくなりました。

　教師は，子どもの発言をキャッチングしてあげてほしいのです。子どもが一生懸命発言していることを「そうかー」「なるほどねえ」「すごい考えだねえ」とアイコンタクトをしながら，キャッチングするのです。
　子どもの発言が，多少逸れていても，教師の期待した発言とはズレていても，まずは，キャッチングすることです。「そうか，なるほどねえ」とうなずきながらのキャッチングがあれば，「じゃあ，他の人はどう思う」と振っても，その子どもは悲しみません。つらいさびしい気持ちにはなりません。

　「ドッジボールのような受け答えから，キャッチボールのような受け答えへの精進」は，どの教師にも課された大事な大事な課題です。

5　板書に3色のチョークを活用する

　黒板に板書する教師の技量は，おろそかにできません。字が上手とか下手とかではなく，乱雑な板書，細かい板書，白色1色の板書は，

要注意です。板書は、その授業の姿を映した鏡です。

　私は、板書に３色のチョークを使おうと奨励しています。白色、黄色、赤色です。この３色のチョークをたとえば、

---

① 　白色は、問題文や文章事実、などの類を表します。
② 　黄色は、子どもの発言を表します。
③ 　赤色は、強調するところ、つないだり囲んだりするところを表します。

というように、自分の学級でもチョークの使い方を決めておくことです。
　そうすると、子どもたちもそれを意識するようになって、「ああ、これはみんなの考えだな」「こことここがつながるのだな」と考えていくようになります。ぜひとも白１色の板書から脱却してください。

　板書は、やはり構造的な板書にしたいものです。

　「構造的」と言うと、なんだか難しく考えがちですが、国語のような縦書きの場合、「右から左へ」書いていくことを機械的にしている板書ではありません。同じことは、横書きでも言えます。左上から右下へ板書をしていくようなやり方は、ただ「学習内容を羅列している」に過ぎません。
　本時の学習の中心が、黒板のまん中に位置づけられて、子どもの発言が的確に位置づけられていくことが、「構造的」な板書の必要条件です。

それは，その授業を終えた後，板書を見れば，その授業で何がどう話し合われたか考えられたか，重要事項として何を覚えることが確認できたか……そんなことが，明確になるからです。

　私は出会った先生方に，「ときどき明日の授業の中で，一時間でいいから，子どもが帰った教室で，板書を模擬的に書いてみましょう。そして，それを教室の後ろに立って眺めてみるのです。そうすると自分の板書のよさと欠点が見えてきます」とお勧めしています。

　ここでは，理科の４年単元「人の体のつくりと運動」の中で，「ひじの関せつには，どんな仕組みがあるのか考えよう」の予想板書を見てみましょう。（次ページ参照）
　理科室の２枚の黒板を有効的に遣って，「明日の授業を予想」したものです。
　学校によっては，日常的に指導案を作って授業することはしないけれど，板書を前にして，「明日の授業のイメージを板書の形で表すとどうなるか」を検討して，授業技量を磨いている学校もあります。

6　ネームプレートを二組用意する

　「ネームプレート」をご存知でしょうか。子どもの名前を書いた小さなプレートです。これは，言うまでもありませんが，子どもの発言したことを板書して，その子の意見だと示すために，置くものです。そのために，学級全員の名前をプレートにしておくのです。

　子どもたちは，自分の発言したことを，先生がちゃんと認めてくれたという気持ちにもなりますし，誰の意見と自分の意見は結び付くの

(刈谷市立衣浦小学校　万年由佳先生の板書)

※カバー裏参照。

か，違うのかを見ることができます。

> ネームプレートを二組用意するのは，発言が1回だけとは限らないこと，また，「さあ，みんなの意見が出揃ったけれど，改めて自分の今の考えと合っているなと思うところに自分のネームプレートを置いてみよう」などと，活用できます。

中学校では，さすがにネームプレートを使用しているところをあまり見かけません。生徒もそんなことをされることに，気恥ずかしさを覚えるから，使わないという教師もいます。しかし，果たしてほんとうでしょうか。

私の訪問している学校には，ネームプレートを活用して効果的な授業をしている学校もあります。たとえば，発言はしなかったけれど，「さあ，発言しなかった人も，一度自分の考えは誰に近いか，自分のネームプレートをその考えのところに置きましょう」というようなことに使って，「授業参加」の意識を高めているのです。

ネームプレートを活用するという教師の姿勢は、そのままその教師が、子どもを大切にしているという姿勢の現れになります。形式的だなと思われたり、面倒だなと思われたりもしますが、あえて中学校などでも活用することによって、授業参加の意識を高めることができるように思います。

7　授業の中に「山場（ハードル）」をつくる

　授業には、「山場」という表現の仕方で呼ばれる授業展開の場の設定が必要です。ただ、「見つけた事実」や「思い」を語るだけでは、何度も言いますが、「はきだしただけの授業」になります。

> 　自分の考えをみんなの中で吟味する、自分では考えることすらしなかったところを、学級のみんなで一緒の土俵にあがって考える授業の場面を、私は、授業の中で、意識してつくってほしいと思います。

　中学校2年、国語、向田邦子作「字のないはがき」（光村図書）の授業で、妹が疎開から家に戻る場面があります。そこで、家族の者が、かぼちゃをとって用意したり、あれこれと気遣いをしたりします。そんな中で、ふだんは、頑固一徹で、高圧的な父親が泣くシーンがあります。その父親が泣いたことについて、みんなは、どう考えるかを話し合う場合、子どもたちの中には、そこに関心を寄せていなかった子もいることでしょう。また、自分では読みを深めているつもりでも、偏っている読みをしている場合もあります。

　そこで、学級全体で、もう一度じっくり考えることにします。

5 「見つけ学習」で学び合いを高める9つのワザと学習規律

　教師は,「さあ,それでは,この場面の父親について,どう思うか,もう一度文章を読んでみましょう」とそれぞれの場面読みを促します。そして,改めて「見つけた事実から思いを書く」時間を設定します。ここでもベルタイマーで3分間の時間をつくります。子どもたちと教師が一緒になって,「立ち止まって考える場面」です。いわば,この授業での「がんばりどころ」なんですね。教師も意識して,子どもたちに「さあ,ここはみんなでがんばって頭が痛くなるほど考えよう」と励ましていきます。

　「ぼくは,この父親は,ほんとうは子どものことを一番思っているんだけれど,なかなか照れくさいというか,おもてに出せない性格というか,その父親が泣くくらいだから,相当心配していたのだと思うよ」
　「むかしの父親は今の父親とは違うのだよね」
　「私も,つけたして,うちのお父さんなんか,笑ったり泣いたり,喜んだりするのをいつもしているけれど……むかしの人は,違うのかなと思いました」
　「やっぱり父親の威厳ということばが,前にあったでしょう。だから,その威厳というか,今の父親と違うのかも」
　「でもさあ,今の父親もほんとうは,あれこれ心配しているっていうか,ぼくなんか,うるさいと思うことがあるけれど,心配していると思う」
　「つけたして,暴君と書いてあったじゃん。だから,なかなか言い出すことができないけれど,『はがき』を持たせて出させたいなと思うくらいだから,やっぱりとても怖さの中に愛情のある父親を感じます」

　こんな学び合いが続いていきました。授業の「山場で立ち止まって考える」時間を大切にしていきましょう。そうすることが,授業の中

で，子ども（生徒）を鍛えていくことになっていくのだと思います。

8　授業終了の着陸態勢を意識する

　授業実践で，一番難しいのに，あまり重要視されていないのが，授業の終了の仕方です。私は，これを授業終了の着陸態勢に入ると言います。飛行機の飛行になぞらえて，水平飛行から着陸態勢に入ることです。

　子どもたちが一生懸命学習しているのであればあるほど，着陸することがなかなかできません。白熱した学び合いをどこで止めるか，決断がつきません。また反対に，なかなか授業の「山場の学び合い」が核心に迫らないままで，焦っていると，ついついダラダラした時間を費やしてしまいます。

　私は，ここで授業を切るのは，断腸の思いだと思っても，授業を延長しないために，途中でも「はい，それでは今までの考えを書いた黒板を見てください」と言って，子どもたちの視線を集めます。そうして，黒板を見て，「どんなことを学び，どんなことがまだ考えられていないか，これからどんなことをしていけばいいか」を見つけさせていきます。

　「授業感想を書くこと」を位置づける教師もいますね。そんなことで，授業感想の書き方をきちんと教え

ておく必要があります。

> ・今日の授業で自分が一番心に残ったことは？
> ・これから，学習していくことは？
> ・誰の意見に学んだか？
> ・わからなくなったり，困ったりしたことは？

など，きちんと指示していくことです。これは，教科は異なっても同じ手法で十分です。できれば，ここでも子どもたちに，自分の一番気になることにアンダーラインやサイドラインを入れさせておくと，教師は，その子のほんとうのこだわりを教えてもらえることになります。

9　授業と授業の谷間ですること

　授業を終えたときに，「きょうの授業はうまくいかなかったなあ」「きょうは山場のある授業ができた！」という教師の思いは，授業にほんとうに力を入れている教師のみが味わう境地です。

　みんな積極的に発言していたし，授業というバスに乗り込んでいたと思っても，実際，子どもの授業感想を読むと，意外な盲点が見えてくることもあります。逆に，授業として失敗だったと思っていても，子どもの授業感想を読むと，しっかり考えていると思われて，思わず小躍りしたくなることもあります。

　すぐれた教師は，この授業と次の授業の間の時間つまり谷間を大事にします。ふつう授業公開をする（研究授業をする）という場合，1時間だけの公開ですが，授業を連続2時間，3時間と授業公開する体

験をすると，次の授業を迎えるためには，いかにこの授業と授業の「谷間」にある時間を重要視しなくてはならないか，納得できます。

　私もかつて8時間連続で授業公開することに挑んだことがありました。ほんとうに必死になって，ボロボロになってやりました。自分の授業技量の貧困さに「こんなにも悲惨な授業しかできないのか」とのたうちまわった状態になったことがあります。でも，そういう体験をしたおかげで，「1時間だけの見せる授業だけ」を意識することでは，本物の授業の技量を磨いたことにならないと，嫌というほど，実感させられました。

　私はみなさんがたに，授業公開を連続して行う体験を通して，「授業と授業の間（谷間）をどうするか」考え，実践してほしいと思っています。

10　教師も子どもも学習規律を意識する

　これまで記してきたことから，抜け落ちていることがあります。それは，学校の全教職員が，一丸となって，「有機的な経営体」になることこそが，授業改善になり，子どもの学習力のアップにつながるということです。

　職場の教師たちが，互いに切磋琢磨することもなく，「我流で授業や学級経営をしている」状態は，決して好ましい状態ではありません。我流でやっていることを「それぞれ教師の持ち味を出して実践活動をしている」と言えば，聞こえはいいでしょうが，職場の中がバラバラの状態で，授業や学級経営をしている学校は，早晩「倒産状態」にな

ります。

　教師たちが我流でやっている学校では，子どもたちへの授業の仕方や学級経営の在り方に大きなバラつきがあって，子どもたちの戸惑いを引き起こします。1年生の担任の先生と2年生の担任の先生のやり方に大きな差異があると，子どもたちは混乱状態になります。「多様な教師のやり方にふれて，心豊かな子どもが育つ」などと，呑気なことを言っている場合ではありません。

　それぞれの教師の個性や持ち味を決して否定するものではありませんが，学校全体が，足並みを揃えて実践活動をしてこそ，「学校経営」と言えるのではないでしょうか。

　ある中学校の事例ですが，その中学校では，「M中学校，学習指導『教師の心構え8カ条』」を共有化して，実践活動をしています。
　今，それを引用しますと次のようになっています。

―――――― 教師の心構え8カ条 ――――――
1　「M中学習ルール5カ条」をしっかり指導します。
　　　※後で示します。
2　導入で，一時間の授業の「ねらい」をはっきりさせます。
　・生徒に十分な問題意識や興味を持たせられるように，導入場面を工夫します。
　・生徒の関心を高めた上で，主発問を提示します。

3 生徒に自己存在感を味わわせられるように心がけます。
- 発言する生徒の顔を見て,意見を聴きます。
- 「すごいな」「なるほど」「そうかー」といった生徒の発言を大切にしたことばで受け止めます。
- 「はい,他に」と言って,他の生徒の意見を求めません。
- 生徒の意見を板書したら,ネームプレートを置きます。
- 生徒の間違い,失敗を生かし,認める姿勢を示します。

4 実物,写真,図などを使って,関心,意欲を高めます。
- 生徒の目を引く具体物を用意し,指示・発問することで,生徒を「授業というバス」に乗せます。

5 発問や説明は,わかりやすく,しゃべり過ぎないようにします。
- 表情を変化させたり,強弱をつけたりした「話し方」に心がけます。
- 発問は繰り返しません。
- 生徒の発言に「みんなはどう考えるか」とつけたし発言を奨励します。

6 ベルタイマーを使って,時間を意識させ,生徒の集中力を高めます。
- 綿密に計画して臨み,授業を延長しません。

7 50分の授業の様子がわかる板書に心がけます。
- 黒板には,余分なものは貼りません。
- 3色のチョークを効果的に活用します。

8 授業終了を意識し,着陸態勢に入ります。
- 授業の中で一番学んだことを振り返らせます。
- 明日の授業へつながる活動をさせます。

5 「見つけ学習」で学び合いを高める9つのワザと学習規律

　M中学校は，数年前まで，学校全体に落ち着きがなく，いわゆる荒れた状態で「授業崩壊」になっていたのでした。それが，「教師が変わらなくては，子どもは変わらない」の信念のもと，地道な経営体質を確立していったのでした。そうして，ここにきて，見事なまでに落ち着いた授業風景を生み出してきたのです。

　若い教師が増えてきて，学校としては異動のたびに，このような8カ条の再確認を余儀なくしていますが，その引き継ぎは中堅教師の意識的なリーダーシップで，「伝統」になりつつあります。子どもに学習態度を要求する前に，まずは教師が襟を正して教室に向かう意識が浸透しつつあるのです。

　なお，※で示したことについては，以下のようになっています。

M中　学習ルール5カ条

1　授業が終わったら，次の授業の準備をしよう。
2　アイコンタクトで，あいさつをしよう。
3　集中して授業参加できるように，背筋を伸ばして席に着こう。
4　指名されたら，「はい」と返事をして起立し，友だちの顔を見て（アイコンタクトをして）大きな声で，自分の考えを語ろう。
5　話をする友だちを見て，自分の考えと比べながら，意見を聴こう。

6
授業以外でも「見つける力」を育てよう

1 朝の会・帰りの会での工夫

　朝のショートタイムを，担任教師の持ち味の生きた個性的な時間にできるといいですね。もちろん，学年全体で，同じような歩調でやる学校もあることでしょう。いずれにしても，この朝の時間帯を有効に活用することができると，1日のスタートが，順調に進みます。

　ある学校では，学校全体が，朝の時間帯を「友だちの話」タイムにしています。10分程度ですが，一人の子どもが，話題を提供します。それは「ぼくのたからもの」シリーズのようなことであったり，「学校の行き帰りに見つけたこと」であったり，「この頃，びっくりしたこと」など，テーマを持って行うのです。

　ある子どもが，「ツバメの子どもが巣から落ちた」話をしました。
　「ぼくの家の前にある倉庫の軒先に，ツバメがずっと前から，巣をつくっています。そこでツバメが毎年夏ごろに子どもを育てて帰っていきます。今年も同じように，ツバメが子育てをしているのですが，この間，巣から子どもが落ちてしまいました（他の子どもがびっくりして声をあげる）。ぼくとおじいちゃんは，どうしようかと悩んでその子どもを巣の中に戻しました。でも無事に育ってくれるかどうか心配

で，毎日毎日巣を見ています」と話しました。

　それに対して，おたずねやつけたしをして話をしていきます。
「ぼくは，R男君につけたして，ぼくの家にもツバメが来ます」
「R男君におたずねですが，ぼくが思うに，落ちた子どもは親が育てなくなるということを聞いたことがあるけれど，ちゃんとR男君の親鳥は育てていますか」
など，やりとりが進みます。

　こういうスピーチ的な時間は，「小さな発見」「なにげない話題」をみんなでああでもない，こうでもないと語り合うことを通して，「もの，こと，人」を見る目を育てていきますし，その一方で，授業以上に，コミュニケーションの力をつけていきます。

　また，帰りの会では，「きょうのキラ星さんは，誰でしょうかコーナー」で，1日の中でがんばった子どもや思いやりのある行動をした子どもをみんなで認める時間にすることもできます。

> 　朝の会や帰りの会での取り組みが,「見つけ学習」の一環として行われていくことで,子どもたちが,ものごとに「不思議さ」「すごさ」「やさしさ」を見つけていく姿勢を強めていくことができます。
>
> 　朝の会や帰りの会を単なる連絡の場にしないで活用すると,子どもたちの活躍する場を広げることができます。

2　掃除や給食での工夫

　学校生活の中で,掃除や給食活動をどう手際よく行うことができるかは,その学級担任の学級経営のあり方にかかっています。掃除の時間に「見つけ学習」を行う学級は,どこを今日はきれいにしたらいいか,何をしたらいいか,を率先して見つける子どもにしていきます。

　また,掃除が終わった後の反省会も,
「誰々さんは,今日は,無言で掃除をしていて,見習いたいなと思いました」
「ぼくが困っていたら,S君が手伝ってくれてうれしかったです」
と「何を見つけることができたか」語る反省会になります。

　給食でも,給食を配ぜんするときに,「はい,どうぞ」「ありがとう」のことばを交わす学級にしていきたいですね。

> 　雑然とした給食活動から整然とした給食活動をする学級にするには,配ぜん活動の手際よさを生み出すことが重要です。

そのために，どんなことが大切かを考えることができる「見つけ活動」ができるといいなと思います。

掃除や給食当番のような当番活動によって（日直当番などでもそうですが），気配りのできる子どもにしていきたいものです。帰りの窓を閉めることでも忘れがちになりますし，黒板を消すことも忘れがちになります。そんなことに目や気が行く子どもにしていくために，「誰々さんは，ちゃんと見つけて気づいて行うことができてすごいね」と教師がしっかり見届けて，称賛することを忘れてはなりません。そういう「見ているよ」という一言が，子どもの育ちにつながっていくのだと思うばかりです。

3　生活指導での工夫

学級生活をしている子どもたちには，さまざまなトラブルや事件が起きます。けんか，いじめ，仲間外れ，などなど，子どもたちが生活している教室には，もめごとが絶えません。そんなときも，「見て見ぬふり」をしない子どもを育てなくてはなりません。傍観者になっている子どもたちが，動き出すような学級にしていかなくてはなりません。教師だけでは見逃してしまうことも，子どもたちが容赦しない目で，「見つけて解決に至る」学級づくりをしていきたいものです。

休みの時間に，サッカーで遊ぶことの盛んな学級の帰りの会の1コ

マです。

「ぼくはあまり言いたくないけれど，このごろみんなでサッカーをしているけれど，B君は，自分のところにボールが来ないと，怒るというか，自分でシュートをしたいので，早くくれ！　っていうような，怒ったような顔になるけれど，これって誰も嫌なんで……ぼくはやめてほしいと思います」という発言がきっかけになって，B君のサッカーをするときの態度を巡って話し合いが行われました。

　私は，こういうボス的な子どものことでも，それを怖がらずに発言できる学級に育て上げた担任教師の努力に頭が下がります。さらに言えば，そんな行動をしているB君をみんなで責めるだけではなくて，最後はなかよくしていこうとまとまる学級をうらやましく思いました。

　またある学級では，「今月の係活動をがんばった係選び」をやっていました。時間のない中で，係活動を地道に行っている掲示係が選ばれました。「掲示係は，毎日，『明日のれんらく』をきちんと掲示してくれるので，みんなの忘れ物が減ってきていると思います」ということで選ばれました。

　学級生活をしている子どもたちにとって，教室は小さな居心地のよい空間であってほしいものです。そのためには，いじめられている子がいることを見逃さない，忘れ物をいつもする子を応援する班を称賛することを忘れない学級でありたいものです。そんな「見つけ」の視線が，温かい学級を形成していきます。

> 問題が起きる学級がいけないのではありません。それは、「問題がみんなに見えてきた」「見つかった」ということであり、みんなで解決に挑んでいく学級になってきたことを示すものです。

4 「見つけカード」「見つけ日記」の工夫

　子どもたちに毎日日記を書かせている教師はたくさんいます。その日記を「見つけカード」にしたり、「見つけ日記」にしている教師が、子どもの五感を鍛えることで、大きな成果を上げています。

　日記には、中学生くらいになると、教師との交換日記風の日記指導もあります。子どもたちの内面化に伴って、大勢の前では語りきれないことや、自分で思い悩んでいることを教師だけに読んでもらって心の洗濯をしているやり方です。

　そんな日記とは一味違って、「学校の行き帰りに見つけたこと」「我が家のつばめの巣」「アリの行列」などのふだん何気なく見過ごしてしまうことを改めて綴ることによって、「もの・こと・人」を見る目を鋭くしていくのです。

>　　　　雪のけっしょう　　　　　　　　３年　佐藤まこと
> 　今朝、雪が降ってきました。お父さんが、黒い紙を持ってきて、雪を受けて虫めがねで見ていました。ぼくにも見せてくれました。花のようなもようや花火のようなもようがいっぱいありました。いっしょのもようはひとつもありませんでした。こんなもようを

> どうやって雪は作るのかふしぎでふしぎで，100回くらいちがう雪を見ました。全部ちがったもようでした。

「見つけ日記」を書く子どもに協力しながら，同じような観察をたのしむ家族がいます。その子は，雪の結晶を模様のようにいくつも描いてきました。

> 　　　　　　切りキズのいたみ　　　　　　2年　さいとうしずか
> 　きょう，ふろに入るとき，足のけがしたところを湯の中に入れるとき，とてもしみていたかったです。キズのところに湯が入るから，きっとキズの血がびっくりしていたいのだと思います。少し入るとそのいたみはなくなります。なんでかなあと思います。なれるってことは，血がびっくりしなくなるのだと思います。ふろでなくて，水でキズしたところを洗ったときは，しみませんでしたし，いたみもありませんでした。水と湯では，熱さがちがうからだと思います。

ここには，その子どもの素直な目線があります。担任教師は，そんな日記を全員の前で紹介しながら，「敏感な五感の鍛え」をもくろむのでした。

5　部活動での工夫

中学校などで，教育活動の一環として充実した部活動をしている部では，「部活動日誌」を部員に書かせている教師が多いようです。部活動は，「勝つことが目的ではない」と言いつつも，やはり「勝負にこだわってこそ」我慢強く，苦しみに耐えてがんばる精神を育てることも

6 授業以外でも「見つける力」を育てよう

できます。

　ある中学校の水泳部を担当するY先生は，部員に「日記」を書かせています。水泳は，個人種目であるために，能力的な限界を感じると，努力を怠る生徒も出てきます。また練習が単調で苦しく長続きしない生徒が多いのも特徴です。

　Y先生は，「学校水泳」で，部活動を強くしていきたいと思っていました。そのために，冬のトレーニングも重要な泳力育成になると思っていました。Y先生は生徒たちに，持久走だけではなく，工夫した練習器具を考案して，たのしみながら，練習に励むことを仕掛けていました。また，土曜日，日曜日は，かなり離れた公営の温水プールに自転車で練習に行きます。

> 　Y先生の部活動指導で一貫していることは，「3年生まで続けることに意味がある」という執念です。その執念が，部員に「日記」を書かせます。そして，それは，先生との交換日記になっています。

　Y先生自身が，この生徒は上半身の強化が必要だ，この生徒は膝が弱いというように，見届けて，練習メニューを作成して，練習するのです。生徒も自分の見つけた弱点の克服に向けて，強化法を見つけて努力します。生徒と教師がその生徒の弱点を見つけて，その強化に取り組むのです。それは一

歩一歩の努力です。Y先生は決して荒行的な練習ではなく，自分が自覚をしていく生徒になってほしいと「日記」にこわだっていました。

　Y先生は，たとえよい結果につながらなくとも，「続ける執念」に力を入れていたのでした。そんなY先生の部活が，5年目にしてやっと優勝という大きな成果につながったとき，すでに卒業していた先輩たちも大勢が応援にきて，互いの健闘をたたえ合ったのでした。

　部活動は，大きな学びの場です。厳しさや苦しさに耐えて，がんばる姿は，これからも，多くの生徒に体験してほしいものです。そんなとき，自分で「見つけて精進」する生徒の育ちは，まぶしいばかりです。

7

「見つける力」は生涯学習の基本

　私たちの人生は，その大半が四苦八苦の連続です。あるときは，どん底のような悩みや苦しみ，あるときは，綱渡りのような心細さ，あるときは，先の見えない不安などなど，その道のりは険しいと言わなくてはなりません。
　私は，「学校は，たのしいところであらねばならぬが，歯を食いしばって涙をこらえてがんばるところでもある」と言い続けてきました。この「学校」を「人生」に置き換えてもいいでしょう。今の世の中，先行き不安なことばかりで，明るさが見えてきません。

　そんなとき，私たちに必要な資質は，自分なりに「道を見つける」修練を怠りなくする資質です。打ちのめされ，弱気になり，くじける自分を励ましながら，「生きる」には，「新たな自分を見つけ」「生きる知恵を見つけていく」こと以外に道はありません。

　人生山あり谷ありです。自分の人生を歩む責任者としての自覚を持って，「この道を歩むんだ」と決断することが，人生には何度かあります。

　大震災の起きた今のこの世の中。ほんとうに危機感が世の中全体を覆っています。それでも人間はたくましいなあと思います。震災地の

復興は遅々として進みませんが，親兄弟を失った人々の表情やことばに，かえってこちらが励まされる気持ちになります。「道を見つけ続ける」ことの大切さを強く思うのです。

　「授業に見つけ学習」を提唱してきた私としては，人生の醍醐味は，進むべき道を見つける（判断・選択する）ことの連続に，歓びとたのしさを味わいながら歩むことだと，子どもたちに体感してほしいのです。
　教師のみなさんには，「授業の技量を向上させる」「それもシンプルな方法で」と言ってきました。そんな「見つけ学習」が実はきわめて本質的な「生き方論」にもつながると，やや気負いも手伝って，そう思います。さまざまな苦難に遭遇したとき，「道を見つける」こと，「道は必ずある」ことを肝に銘じて歩みたいなと思います。

エピローグ

あなたは，子どもを育てることに
自信が持てるようになったか！

　私は，教師になったみなさんに，心から「いい先生になってほしい」と願っています。みなさんが「立派な先生になる」ことは，そのまま「日本人が立派な人間に育つこと」につながると，ほんとうに強く思っているからです。

　私も今から40年以上も前に教職の仕事をスタートしました。初めて中学校の教壇に立ったときの足の震えと，どこかで気負いながら，授業にはならない授業をしていた自分を今も思い出すのです。センスもないくせに，短気で弱虫な私でした。うまくいくはずがないのにどこかで，子ども（生徒）のせいにして，子どもに怒鳴っている恥ずかしい自分であったことばかりが思い出されます。

　今でもときどき「授業ができない」「学級が崩壊状態になっている」そんな夢にうなされる自分がいます。学期末になったのに，なんにも教えてない自分に気付いた，逃げ場を失ったネズミのような自分だったのでした。

　先輩の授業を参観させてもらって，子どもと一体感のある授業をしている先生の姿に，「オレは教師に向いていないのか！」と絶望的な気持ちに何度なったことでしょうか。貧相で，教師としての虚勢だけで教職にしがみついていたのです。

「前田先生，嘆いているばかりでは，道は拓けないよ。自分で実践するんだよ。子どもの目を見ようよ，顔つきを見て授業をしてみろよ」
　そんな先輩のことばに，授業公開をすることでしか，自分は責任を果たせないことに気づいたのです。

「先生，きょうの授業はあっという間だったなあ。考えるっておもしろいなと思ったよ」
「資料から見つけて，比べて，また見つめて……そんな連続で夢中になったよ」
　そんなことばを授業後に聴いたのは，教師になって2年目の秋だったように覚えているのです。
「3時間連続で先輩に授業を見てもらって，指導を受ける」それは眠れないほどの過重な負担感のある仕事でしたが，少しずつ充実感を得てきました。

　やがて中学校の勤務から小学校の教師へ。部活動に燃えていた自分としては，恋人を奪われたあとの虚無感のようなうつろな気持ちになったのでした。小学校にいくと，中学校とは違った意味で，「授業の達人」がたくさんみえました。何人かの先輩教師の授業を参観しながら，「学級づくりのいろはも知らない自分」を強く意識したことも事実です。まさに奈落の底から這い上がるようなもがきの日々でした。

　寝る間を惜しんで，教材研究に没頭する日々が続きました。学級づくりのノウハウを求めて本を漁りました。学校中の先生方の教室を巡って，掲示物や教室環境の整え方を学びました。すべてが新鮮な感動を持って受け止めることができました。自分がセンスもないし，素質もおぼつかなかったのに，少しは教師らしくなったのは，少なくと

エピローグ　あなたは，子どもを育てることに自信が持てるようになったか！

も「時間を忘れて，素直に学ぼうとする気力だけはあった」おかげということでしょうか。

　主体的学習，問題解決学習，「子どもの側に立つ授業」「発見学習」……さまざまな学びが，自分には，新鮮でした。そんな中で，いつの間にか「見つけ学習」を自分でも考えるようになり，実践的に精進するようになっていったのです。それは教職について 20 年くらいの歳月が流れていた頃だったと思います。

　私はほんとうに短気で視野の狭い人間です。恥ずかしいほど，「子どもに怒鳴ってばかりの先生」だったといまだに反省しているのです。それは主体的学習のときも，問題解決学習のときも，授業が，本に書いてあるように，先輩の授業のように，どうしても自分ではできないからでした。

> 　いわば「見つけ学習」は，私の授業力や学級経営力をごまかすかのような，子どもを仕向ける学習であったと当初は痛みを感じていました。それが同じ職場の仲間から，「前田先生の学級は，どうしてあんなにも子どもたちが夢中になって取り組むのか」「子どもの表情が明るく，勢いがある」と言われて，私は自分の実践活動に少しずつ自信を持てるようになっていったのでした。

　それから教頭職や校長職をして，学校経営の軸を「授業実践」に据え授業バカ一徹に取り組んできたのです。今は身軽な身です。そうした中で，学校現場を訪問する機会を与えられ，「見つけ学習」を先生方と一緒に模索してきました。先生方と苦楽を共にすることに，大きな歓びを感じてきました。

今回，そんな「見つけ学習」を1冊の本にまとめるにあたっては，黎明書房社長の武馬様の強いお勧めがありました。それがなかったら，決してこの本は生まれなかったと思います。ほんとうにありがとうございました。この本が果たして，どのくらい「見つけ学習」の手法をお伝えできて，先生方の技量の向上のお助けになるか，おぼつかない面もあります。

　真摯に授業実践に立ち向かっている先生方の少しでも参考になれば，このうえない歓びです。

　ここに謹んで上梓申し上げます。

　　　平成 24 年　盛夏

　　　　　　　　　　　　　　　　　　　　　　　　　　　　前田勝洋

著者紹介
前田勝洋

　豊田市内に校長として勤務し，2003年退職。大学の非常勤講師を務める傍ら，求められて小中学校現場を『学校行脚』して，教師たちと苦楽を共にしている。黎明書房ホームページで「教育を拓く」を連載中。読者から学ぶことが多いと，好評を博している。
　著書
　『教師と子どもが育つ教室』『校長になられたあなたへの手紙』『教師　あらたな自分との出会い』『校長を演ずる　校長に徹する』『授業する力をきたえる』『学級づくりの力をきたえる』『教師の実践する力をきたえる』『教師のリーダーシップ力をきたえる』『教育に「希望」をつむぐ教師たち』他，多数。

カンタンでグッとくる「見つけ学習」のすごさ
2012年9月20日　初版発行

著　者	前田　勝洋
発行者	武馬　久仁裕
印　刷	株式会社　太洋社
製　本	株式会社　太洋社

発行所　　株式会社　黎明書房

〒460-0002　名古屋市中区丸の内3-6-27　EBSビル
☎052-962-3045　FAX 052-951-9065　振替・00880-1-59001
〒101-0047　東京連絡所・千代田区内神田1-4-9
　　　　　　松苗ビル4階　☎03-3268-3470

落丁本・乱丁本はお取替します。　ISBN978-4-654-01879-6
Ⓒ K. Maeda 2012, Printed in Japan

前田勝洋著　　　　　　　　　　　　　　　A5・157頁　2000円
教育に「希望」をつむぐ教師たち
「感動ありがとう」
教師の知恵と自覚に学ぶ

学校や教師を取り巻く厳しい現状を真摯に受け止め，真剣に教育の仕事に汗を流す教師，難しい世代の子どもたちを懸命に育てる教師などの実践を紹介。

前田勝洋編著　　　　　　　　　　　　　　A5・146頁　1800円
教師のリーダーシップ力をきたえる
現場に生きる
リーダーの知恵とワザ

年間100回の学校行脚をするなかで見聞きしてきたリーダーの姿と編著者自身の経験をもとに，校長・教頭・教務主任など学校現場のリーダーのあり方を語る。

前田勝洋著　　　　　　　　　　　　　　　A5・160頁　2000円
教師の実践する力をきたえる
「顔つきとことば」の
仕掛けとワザをみがく

教師・校長として経験豊富な著者が，教師の信念や情熱を子どもや保護者に伝えるための「顔つきとことば」のきたえ方を伝授。

前田勝洋・実践同人たち著　　　　　　　　A5・168頁　2000円
学級づくりの力をきたえる
やる気と自覚をうながす
「ワザと仕掛け」

長年の経験と実践に裏打ちされた，子どもが生き生きと活動する，明るく元気な教室をつくり出すためのワザや仕掛けを伝授。

前田勝洋・実践同人たち著　　　　　　　　A5・152頁　2000円
授業する力をきたえる
子どもをやる気に
させるワザと仕掛け

「三本のチョークで，板書を変えよう」「ネームプレートを二組用意しよう」など，教師のちょっとしたワザや仕掛けで，授業を変える方法を紹介。

山本昌猷著　　　　　　　　　　　　　　　A5・189頁　2100円
山本昌猷のこうすればうまくいく授業づくりの知恵と技

達人教師・山本昌猷の知恵と技②　授業を組み立てるポイント，授業をうまく進める技など，ベテラン教師のすばらしい授業を裏で支える知恵と技を公開。

多賀一郎著　　　　　　　　　　　　　　　A5・147頁　1900円
全員を聞く子どもにする教室の作り方

聞く子どもにすれば，学級も授業も飛躍的によくなる！　人の話を聞ける子どもの育て方を，具体的に順序だてて紹介した初めての本。

※表示価格は本体価格です。別途消費税がかかります。